極上の山歩き

●関西からの山12ケ月

草川啓三

ナカニシヤ出版

目次● 極上の山歩き

文・写真／草川啓三

●大扉写真
京都北山／品谷山

●目次写真　右から
淡路島／諭鶴羽山
奥美濃／薙刀山
湖西／近江坂古道
大峰／釈迦ヶ岳
芦生／野田畑谷
飛騨／籾糠山
鈴鹿／溝干山

極上の山歩き　位置図

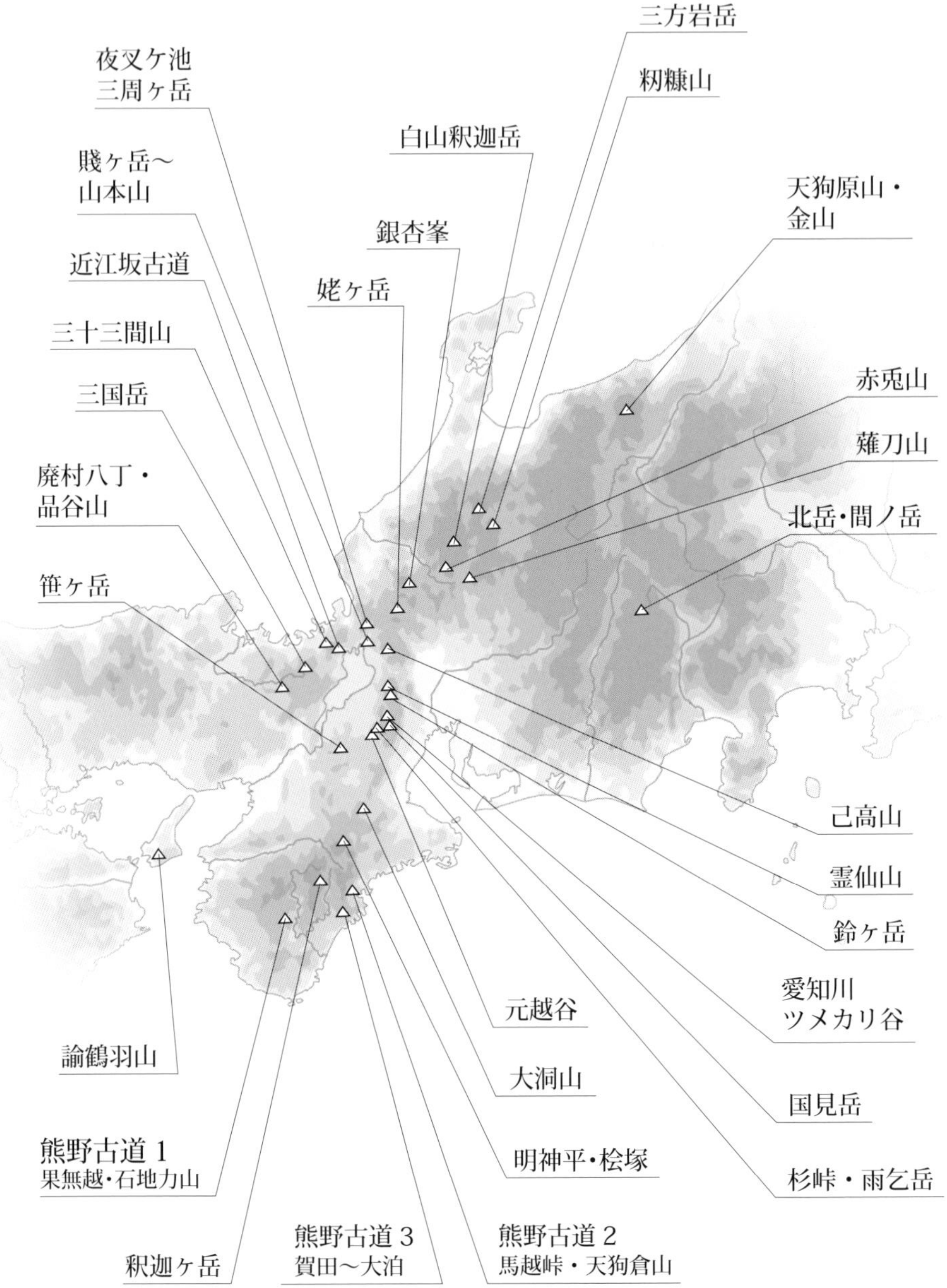

各山の案内コース地図は 5 万分の 1 です。

極上の山歩き

関西からの山 12 ヶ月

右上／白く化粧をほどこしたブナの大樹が美しい
右下／粉砂糖をふりかけたような朽木の奥山。モノトーンのシックな色合い
左／三国岳直下から芦生研究林大谷源流のブナの林にスノーシューで走り込む

スノーシューの悦楽

雪の原生林の一日

「おーしっ」かけ声一番。

新雪を蹴立てて急斜面を次々下ってくる。下からカメラを構えて待っていると、ここまでたどり着けずにあえなく尻餅を着いて雪にまみれる人も。格好よく決まれば「おーっ」という声が上がり、笑顔が出る。スノーシューは新雪の最高の遊び道具だ。

ワカンでの冬山でこんな気分になっただろうか。革命的な道具といえば大げさになるが、でも随分と雪山への気持ちも変わったように思う。低山の雪山では、ラッセルは辛いものから楽しいものになった。近郊の低山とはいえ、真冬にこんなブナの原生林まで、誰でもそう簡単には入れなかったものだ。

雪山をこんなにも楽しくさせてくれたスノーシューに「ありがとう」の言葉を贈ろう。

湖西の山／三国岳

●コース案内

近江・丹波・山城の境をなす三国岳は、京都北山という区分けもされているが、ここでは近江側の朽木《くつき》桑原から登っているので、湖西の山とした。

針畑《はりはた》川源流は、雪に埋もれた静かで魅力ある山々が連なっており、比較的手軽に雪の山に近づくことができる。三国岳はその代表的な山で、頂上付近は深い原生林に覆われており、そんな森の中を縦横に歩き回る、スノーシューならではの魅力を存分に楽しむことができる山だった。桑原からは二つのコースがあるが、今回は丹波越のコースをとった。

桑原橋を渡ったところに小さなお堂があり、ここから谷を渡って尾根へと取り付く。最初は植林帯の中の急斜面の登りが続いた。尾根の上に出るまでは雪も重たいのでゆっくりとしたペースを守りたい。スノーシューでの急登は非常に登りにくいが、とにかく慣れることである。

尾根に出てしまうと一定の斜度が続くようになるので、ペースもとりやすくなる。それに高度が上がるにつれて雪も軽くなる。

尾根は雑木林に変わり、北側の眺望が時折覗いていた。稜線の丹波越の手前でいったん北側の浅い谷へとトラバース気味に下ると、そこが昔の茶屋跡で、もうその上が丹波越だ。

稜線はブナの大樹もあり、二カ所で真っ白に広がった雪の原と出会う。眺望が開け一息入れたいところだった。

やがてブナの巨樹に出会うと、三国岳頂上への分岐で、左へと登って頂上に立つ。比良方面の眺望が望めるが、昼にするには風当りが強いので、北へと芦生《あしう》研究林の大谷源流に下ってから、ゆっくりと休憩した。ここはブナやトチの巨樹が包む浅く広がる谷。透徹とした原生の森の静寂の中にいるひと時に、時間を忘れた。

●極上ポイント

三国岳直下の大谷源流。緩やかに広がる源流の森はブナやトチの巨樹に包まれた素敵なところだ。谷間なので風当たりも弱く、昼休みにはうってつけのところで、深い原生の森の冬を手軽に楽しめる貴重な山だ。だが手軽といっても深い雪山、それなりの準備とガンバリが必要だ。

●コースメモ

参考タイム／桑原橋（2時間）丹波越（50分）三国岳（50分）丹波越（1時間10分）桑原橋

2.5万図／古屋・久多

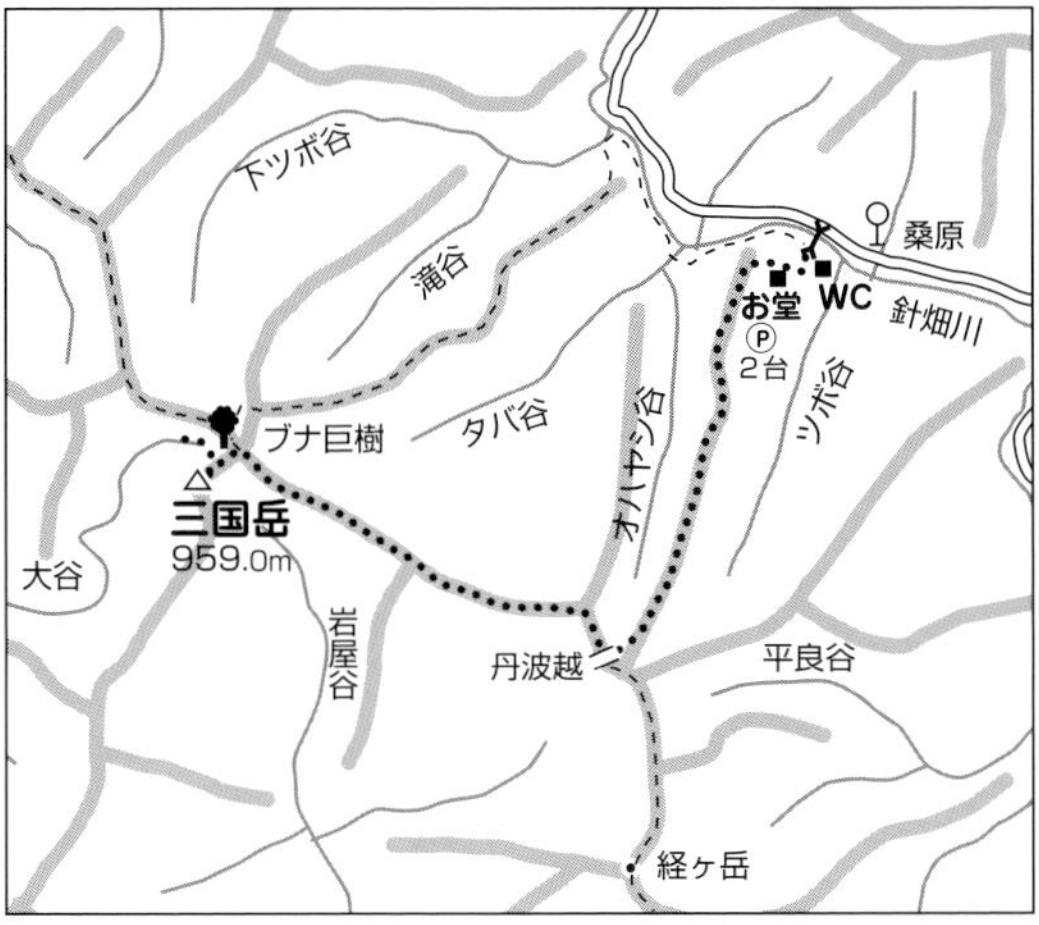

右／巨樹が倒れ込む大谷源流。静まり返った森に、スノーシューを踏み込む音だけが響く
左／十分に遊んで縦横に足跡を印した大谷源流

新しき年もう春の光

オノコロ島の山旅

ここ数年、お正月にはいつも海が見える暖かい山に行っている。この年は国産み神話のオノコロ島との説がある淡路島を訪ねた。淡路島は初めてだったが、何となく親近感を感じていた。というのもこの島を回転させて裏返せば、我が琵琶湖に形が似ているのである。

目指す山は最高峰の諭鶴羽《ゆずりは》山。新しい年の始めなので、常盤木《ときわぎ》のユズリハと鶴を掛け合わせたような、おめでたい山がいいだろうといった程度の、軽いノリで決めた。

道はいいし風は軽く、南国の光をたっぷりと吸い込んで歩いた。圧巻は頂上にある東屋から見た鳴門海峡だった。山登りといっても旅気分なので、山を下りてから黒岩水仙郷《くろいわすいせんきょう》に行って春を愛で、翌日は観光船で鳴門のうず潮見物。こんな山歩きもたまにはいいだろう。

右上／海を見ながら歩く新春にふさわしい山歩きだった
右下／修験道の山であり、不動明王と役の行者像が祀られていた
左上／山上から見る鳴門海峡の遠望
左下／黒岩水仙郷を歩く。水仙の香り、暖かな光と潮風が心地よい

淡路島／諭鶴羽山

右／牛内ダムからの道は近畿自然歩道の道標があり、しっかりとした道が続く
左／照葉樹の林に射し込む木漏れ日が暖かい

淡路島／諭鶴羽山

●コース案内

淡路島の最高峰だけに人気のある山のようで、お正月に登ったのだが多くの登山者と出会った。天気も良く期待していた山頂からの展望は素晴らしく、島の山の魅力を存分に味あわせてくれた。頂上の下には諭鶴羽神社があり、鬱蒼とした照葉樹の森が、普段よく登っている落葉広葉樹の山とのギャップを感じ、新鮮な風景に映った。

登山コースは一般的には二コースある。水仙で有名な黒岩からの表参道と、ここに紹介する諭鶴羽ダムからの裏参道で、いずれも歩きやすく道標も完備している道だ。

サイクリングセンターに車を置いた。ダムを渡って急斜面の道に取り付くとすぐに尾根に出る。神倉《かみくら》社があり不動明王や役《えん》の行者の石像が祀られている。また道には町石地蔵があり、篤い信仰の山だったことが分かる。照葉樹林の山だが、道が広く切り開かれていることもあって非常に明るい。ダムからの道と合流してゆったりと広がる樹林の中を進んで行くと、中継所の建物があり頂上に着いた。

広々とした頂上で、少し高みにある東屋からは紀伊水道、鳴門海峡を挟んで、紀伊半島や四国が望める。瀬戸内海と太平洋が繋がる紀伊水道との接点に位置するだけに、この展望は圧巻だった。良い天気に恵まれたことに感謝だ。

山頂から少し下ると諭鶴羽神社がある。神域なのだろう。鬱蒼とした照葉樹の道で、社殿の横には曲がりくねった巨木がある。休憩所があってストーブが焚かれていたのでここで昼食にした。

のんびりと歩いた一日だった。今日はこの島に宿の予約を取っているので、いっそうのんびりムードとなった。山を下りてから黒岩水仙郷へと水仙の見物に向かった。

●極上ポイント

島の山に登るというのは何となく雰囲気も違う。頂上から眺める紀伊水道、鳴門海峡の展望が圧巻だ。淡路島は島といっても島を感じさせないような大きさだが、暖かい瀬戸内の空気を感じた。黒岩へと下れば水仙の郷があり、やはり水仙の咲く冬から春に訪れたい山である。

●コースメモ

参考タイム／サイクリングセンター登山口（1時間15分）諭鶴羽山（10分）諭鶴羽神社（1時間）サイクリングセンター登山口

2.5万図／広田・諭鶴羽山

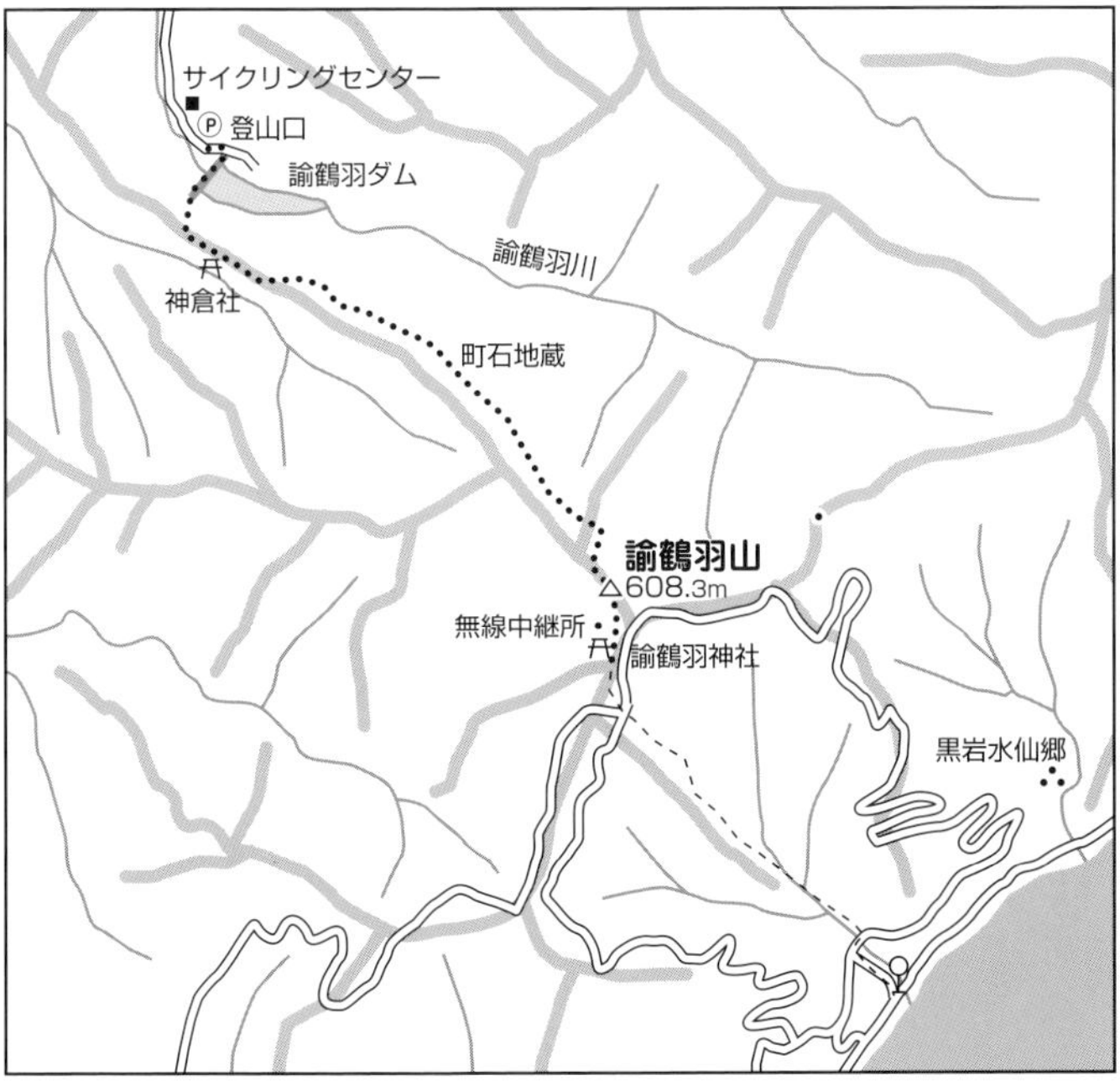
サイクリングセンター
登山口
諭鶴羽ダム
諭鶴羽川
神倉社
町石地蔵
諭鶴羽山
△608.3m
無線中継所
諭鶴羽神社
黒岩水仙郷

冬の山●熊野古道1 小辺地／果無越・石地力山

果てしなく連なる山々

山上に浮かぶかくれ里と巡礼の道

果無《はてなし》、何と心に残る地名だろうか。

果無は奈良県十津川《とつかわ》村の、山また山に深い谷を刻み込んだ天険の地にある。熊野川へと落ち込む尾根の先端に心細く乗った、数戸の家が肩を寄せ合う小さな集落であった。

高い吊り橋を渡り、暗い照葉樹の林の中に続く磨り減った石畳の道を登ると、集落がぽっかりと開けた。小さな田んぼと傾いた畑、肩寄せ合う家の間を抜ける細い道、その佇まいはおとぎ話そのままの山里だった。

集落を貫く細い道は、高野山《こうやさん》と熊野本宮大社を結ぶ「小辺地《こへち》」と呼ばれる熊野古道のひとつで、遠い昔、巡礼の人々が行き交った道であった。そんな古道を辿り、霧氷輝く山の峠を越えて、山向こうの里に下り立った。祀られた石仏の表情が心に残る山だった。

右頁上／狭い馬の背状の尾根の上にある果無集落。中央を熊野古道が貫いている
右頁下／果無越から石地力山へと続く果無山脈はヒメシャラとブナが並ぶ。ブナの枝には氷の花が咲いていた
左頁／山上に浮かぶ果無集落。まさに別世界の山里だった

0 1 5　熊野古道 1 小辺地／果無越・石地力山

熊野古道１小辺地／果無越・石地力山

●コース案内

古道歩きは果無を越えた南側からの八木尾から登り、果無に下っている。

集落から登り始めた石の階段は、褐色の芝草にくるまれ、足元にやさしい感触を残してゆく。さすが古道である。道には西国三十三カ所の一番からの観音様が祀られていた。その石の仏様の表情を眺めているだけで楽しかった。所々で視界が開けると、蛇行しながら光る熊野川の流れ、青紫色のグラデーションに染め分け重なる山々、その間に小さく開けた平地に散らばる集落、つくづくと木の国紀州の山の深さを実感する。

道にはやがて粉砂糖を振りかけたような雪化粧がほどこされるようになり、観音様の肩にも薄く雪の衣がかかっていた。みるみる風景が変わると、白く光る果無越のゆったりとしたたわみに着いた。峠には宝篋印塔の大きな台座が座り、石仏が祀られていた。

峠からブナやヒメシャラなどの自然林が残る稜線を辿り、石地力山《いしじりき》へと往復してから峠道を下った。

道ばたには石仏に供花するしきみが伐って置かれており、人里の匂いが次第に濃くなっていった。やがて果無の集落を貫く古道を通ったが、ひっそりとして誰に出会うこともない。縁側に干しイモがぶら下がる軒先を抜け、苔むした静かな石畳道を下った。

●極上ポイント

かくれ里、果無集落は強く心に残った。馬の背状に開けた尾根上の傾いた斜面には畑が作られていたが、驚いたことにこの狭い尾根の上には田んぼまで作られていた。どこからか水が引かれ、家々の庭にも池があって、大きな鯉が泳いでいた。この尾根の集落を貫くように通っているのが、高野山と熊野本宮大社を結ぶ「小辺地」と呼ばれている熊野古道であった。尾根上の集落まで自動車道が出来たのもそんな昔のことではなく、その前までは石畳道の熊野古道が生活道だったのである。この山また山に深い谷を刻み込んだ天険の地。残しておいてほしい風景だと思ったが、住んでいる方の不便は一通りではないだろう。この時は十津川温泉、上湯川の民宿「かわうそ」に泊まったが、温泉がまた良かった。

●コースメモ

参考タイム／八木尾（1時間20分）七色分岐（1時間40分）果無越（50分）石地力山（40分）果無越（1時間20分）果無（30分）柳本

2.5万図／十津川温泉・伏拝・発心門・重里

右頁右／粉雪が張り付いた峠道の石仏の背に暖かな陽射しが
右頁左／麓の八木尾集落は暖かかったが、果無越は一面の銀世界だった
左／石地力山から見る果無山脈の山並み

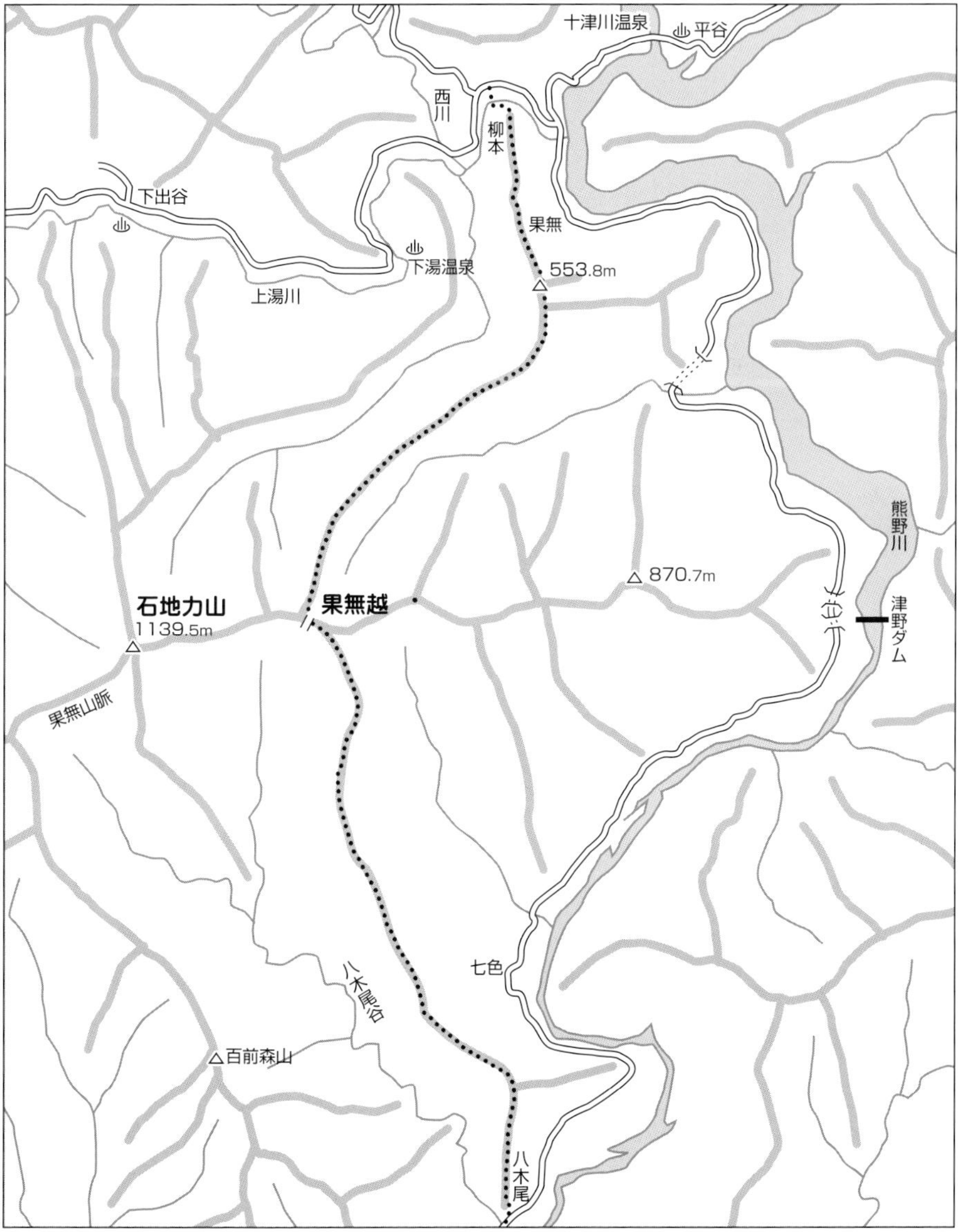

２本の板に乗る楽しさ

真っ白の山稜をぶっ飛ばす

前夜、麓の倉見《くらみ》の駐車場に張ったテントの中で喋っている時には、まさかこんなに素晴らしい雪だとは想像もしていなかった。

最近ではこの辺りの山では雪もそんなに積もらないし、ましてや雪質などはお話にならない。それがどうだ、今日のこの雪は。

樹林帯の中から稜線に出た時に目にした、雪稜の美しさに言葉を失い息をのんだ。しかも誰も踏んでいないふかふか雪だ。喜び勇んで山頂を目指した。快晴で風がないのはいいが、気温が上がってほしくない。じりじりとした気持ちで頂上に立つとすぐ、滑走用にビンディングをセットした。そして滑り出すやいなや〝ヒャアー〟という声にならない声。

２本の魔法の板が広げてくれた素晴らしい世界だった。

上／若狭の山とは思えない雪質。スキーで来ていたのは私たちだけだった
下／三十三間山頂上から南側は真っ白の雪稜が伸びる

上／もう頂上は間近。早く滑りたくてうずうずしながら登って行く
下／緩やかな雪稜は一気に滑るのがもったいなくて、ゆっくりと楽しみながら滑った

若狭の山／三十三間山

●コース案内

三十三間山《さんじゅうさんげん》は、樹林のない伸びやかな雪稜に、海を眺めながらスキー滑降を楽しめるという希有の山で、関西近郊では強く記憶に残る山であった。若狭地方は雪が少ないが、大きな寒波にタイミングを合わせれば痛快な山スキーが期待できる。登るルートとなる倉見からの道はスキー滑降には向かないので、稜線を南下してピーク四〇一mの少し南から西側の尾根に入り、最後は新道《しんどう》へと続く林道に滑り込んだ。このコース取りはドンピシャに当たって、最後まで快適なスキーが楽しめた。

前夜倉見の登山口の駐車場にテントを張り、車を一台熊川《くまがわ》に回しておいた。

倉見からの道は、しばらく林道から谷を進んで尾根に取り付くのだが、今日は最初から尾根に取り付いた。途中から雪も増え、夫婦松から海を望むと期待が高まっていく。

県境稜線に出ると、稜線は木がないので見事な雪稜が伸び、ますます期待が高まる。天増川《あますがわ》を挟んで三重嶽《さんじょうだけ》と湖北の武奈《ぶな》ケ岳、遠くに比良の武奈ケ岳、ツルベ岳が浮かび、その右に三峰を突き立てた白倉岳が見えた。そして左手すぐ近くには若狭湾を望むという、何とも素晴らしい眺めだった。稜線のワクワクするような登りが続いて頂上に着く。

待望の滑降は真っ白の大斜面から始まり、あとは長い雪稜をスキーに任せて滑って行く。標高六三五mまでは小さなアップダウンがあるものの、快適な滑りが楽しめる。しかしそこからは尾根も狭くなって樹林帯に入るので、標高約三二〇mの広いコルから右へと下った。古い道型があり、それに従って滑り降り、林道に下りた。林道を滑り新道から国道三〇三号へと出て、スキーをかつぎ靴をごとごと鳴らせながら熊川の道の駅に着いた。

●極上ポイント

山頂から南の山稜は草原なので雪が積もれば見事な雪稜となる。西側は若狭の海が望める絶好のビューポイントである。海に近くて標高も低い山なのでいい雪質は望めないが、この明るい尾根は雪山としての最高の気分が味わえる。最近ではなかなか充分な積雪もなく、山スキーのチャンスにめぐまれないが、スノーシューで歩くだけで楽しくなってくるような山である。

●コースメモ

参考タイム／倉見登山口（2時間）県境稜線（30分）三十三間山（2時間）林道（2時間）熊川

2.5万図／熊川

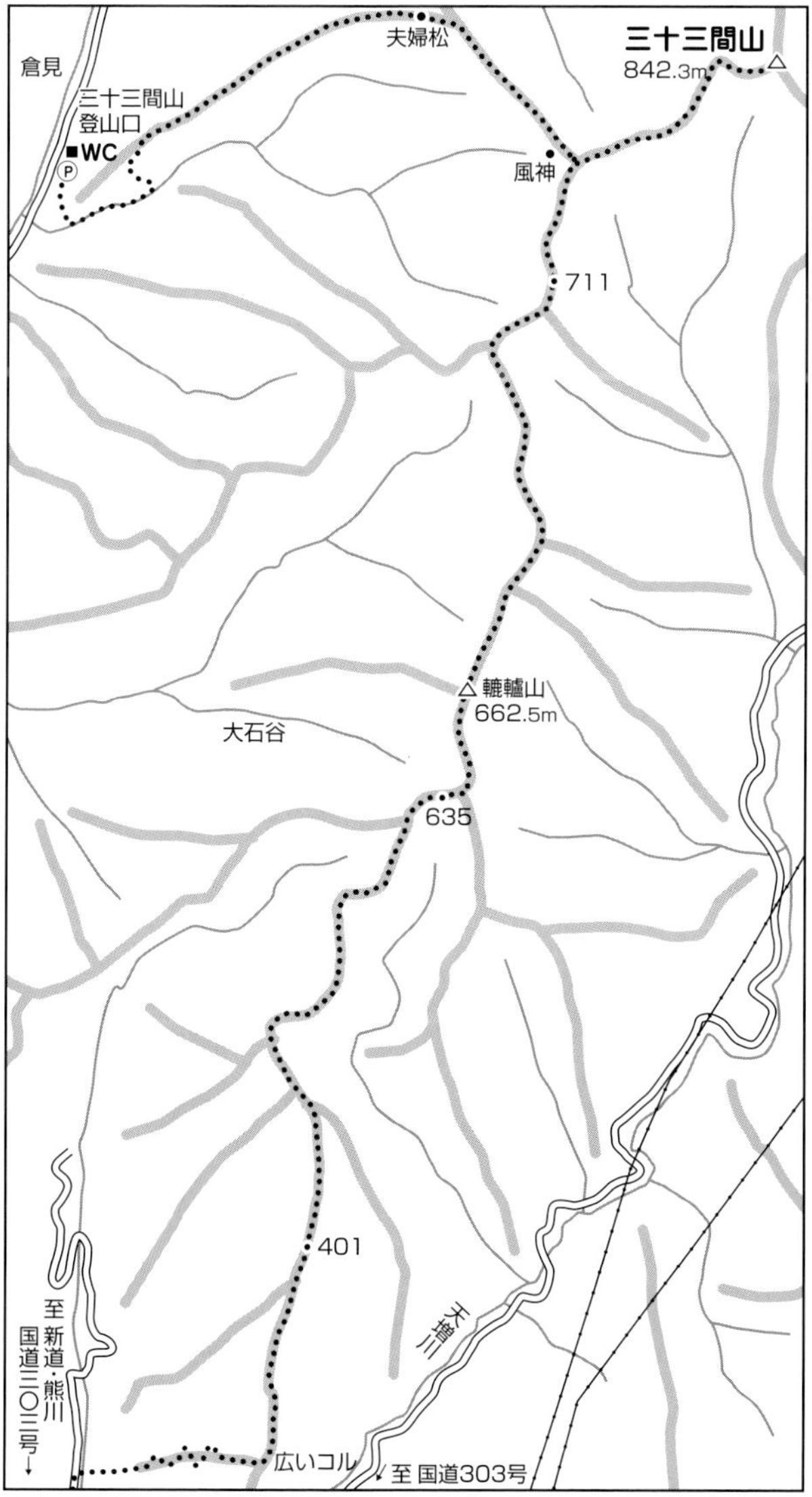

右頁右／間近に海を見ながらスキーで登る山はそうない
右頁左／すっきりと開放感広がる雪稜が魅力
左頁上／スキーばかりでなく、スノーシューやワカンでも楽しい
左頁下／誰も歩いていない雪稜を頂上へ向かう

海は広いな 大きいな

熊野古道から海を眺める先端の山へ

海なし県の滋賀県に住んでいるせいか、海を見るとやたらと興奮する。いつも琵琶湖を眼下にしているが、眺めはやっぱり違う。海は広いし大きい。目に入ってくる海の色や光は、気分を大きく変えてくれた。富士山を何度見ても「おおっ」という声が出るのと同じである。

古道と雄大に広がる海のセット。売れない物をセットにして販売するのとわけが違うのである。この本物どうしの組み合わせは、お得感満載の掘り出し物であった。

以前は熊野古道と聞いても「ふーん、どうせただの古くさい道やろ」という程度だった。しかし遠い昔から人が行き交った石畳道と、マリンブルーの海とのたった一度の出会いが、私の心をグラッと傾かせた。

下／天狗倉山の頂上からは尾鷲湾が広がる
左上／オチョボ岩からの眺め。暖かい陽射しに光る海の眺めは最高
左下右／磨り減って磨かれた石畳の道が続く馬越峠道
左下左／よく整備された古道は、休日ともなると多くの人が訪れる

右／馬越公園の展望台からは尾鷲の街と海が見える
左／石畳道が美しい馬越峠道

熊野古道2伊勢路／馬越峠・天狗倉山

●コース案内

熊野古道は平安期に始まった熊野詣の道で、熊野本宮大社へと至るにはいくつかのコースがあった。伊勢神宮から始まる伊勢路はそのうちの一つで、入り組んだ熊野灘の海岸線に沿って続いている。

杉や檜の深い木立の中に続く苔むした石畳の道は、峠を越えては海を望む小さな集落へと下りることを、繰り返して行く。路傍には石仏や石塔が祀られ、遠い昔の人々の心へと遡る。この深い歴史が重なった佇まいと美しい風景との組み合わせには、たまらない旅情を誘われた。

馬越《まごせ》峠は海山《みやま》町と尾鷲《おわせ》市の境をなしている峠で、熊野古道伊勢路のコース中で非常によく歩かれているコースである。また峠越えをする人の多くが、峠から東に分岐する天狗倉山、オチョボ岩へと足を伸ばしている。

尾鷲側の登山口の馬越公園から少し登るとあずまやの展望台がある。ここからは尾鷲の市街と尾鷲湾の見事な眺望が広がっていた。峠道は美しい石畳が続いて馬越峠に着くが、ほとんどの人が東に聳える天狗倉山へと登って行った。

峠道と交差する右へと稜線を進む。急な道となったが、特に最後はきつい丸太の階段状の道が続き、三十分ほどの辛抱。暗い林の中に大岩が目に入るとそこが天狗倉山の頂上だった。大岩には鉄のはしごが架かっており、登ると大パノラマが開ける。尾鷲市街を山々が包み込み、その前にきらきらと海が光る。そしてさらにマリンブルーの熊野灘が広がる眺めには圧倒された。さらにもう三十分進むとオチョボ岩と呼ばれる岩のピークがあった。そこからの眺望も、これでもかというほどの海の広がり、満腹感でいっぱいになった。

●極上ポイント

馬越峠の苔むした石畳の道の美しさは、熊野古道随一といわれている。それにこのコースでは、峠から東に突き出した半島の道を進むと、天狗倉山、オチョボ岩があり、熊野灘の大きな眺望が望める。また、尾鷲側の登山口の馬越公園はさくらの名所で、熊野古道では最も人気のあるコースとなっている。

●コースメモ

参考タイム／JR尾鷲駅（50分）馬越公園登山口（40分）馬越峠（30分）天狗倉山（30分）オチョボ岩（1時間）馬越峠（1時間）JR尾鷲駅

2.5万図／尾鷲・引本浦

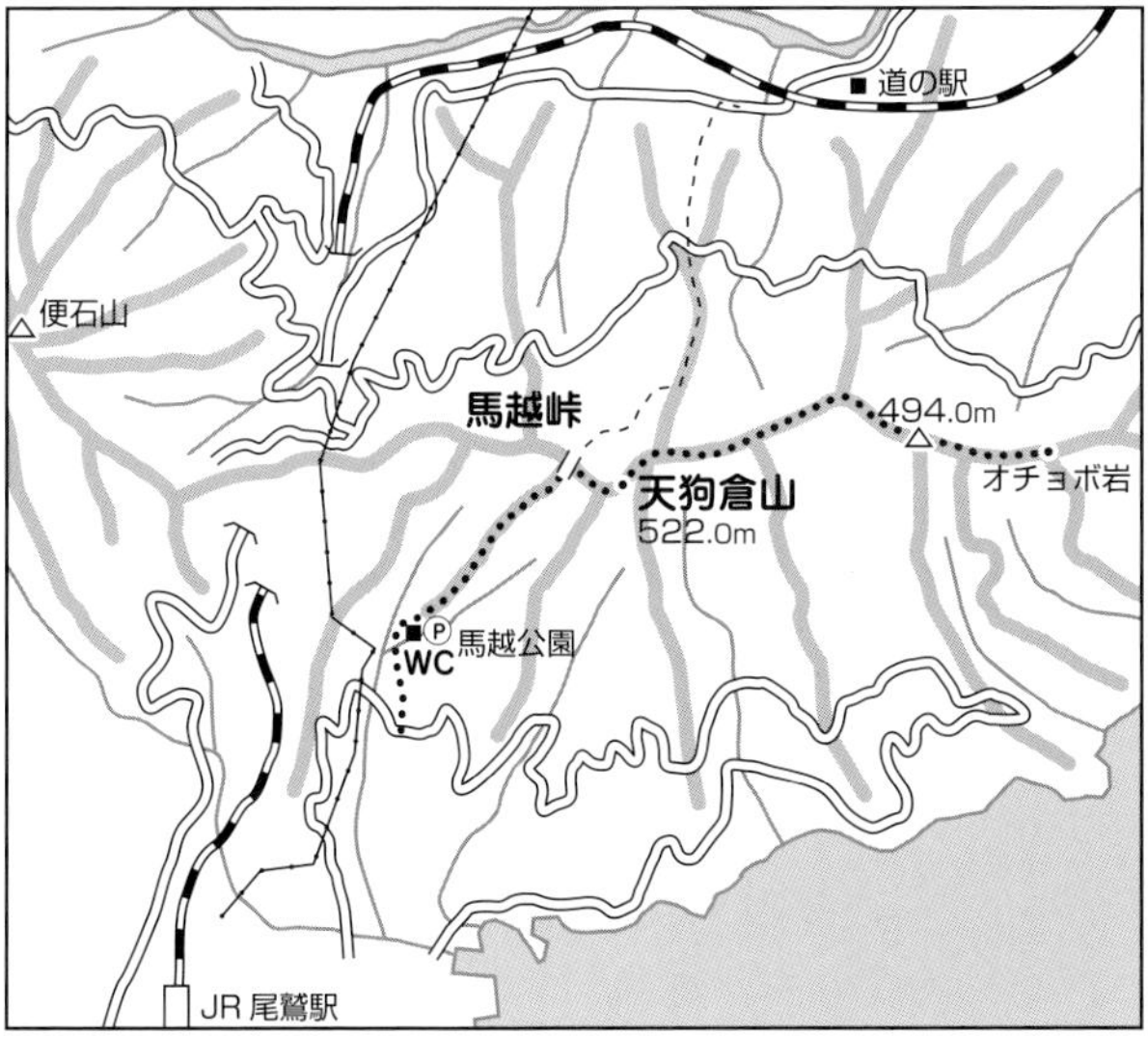
道の駅
便石山
馬越峠
494.0m
オチョボ岩
天狗倉山
522.0m
WC
P
馬越公園
JR 尾鷲駅

晴れたらいいねー

小さな山の展望台・雨乞岩

こんなところに、こんな大きな岩があるとは思いもよらなかった。

笹ヶ岳の頂上から踏み跡に導かれるままに辿ってみると、かなり昔に作られた林道に出て東屋と出合った。少し下ると平《たいら》不動尊があり、さらに雑木林を進んでみると、大きな岩の上に出てぱっと眺望が開けた。

「おおー何と」、こんなすごい展望台があるとは。平野と丘陵の広がりの端に、輪をかいたように縁どっている鈴鹿の山々が見えた。

すっぱりと切れ落ちた岩の端に寄らないように、遠慮がちに陣取った。羽織ったフリースもいらないくらいに暖かい。こんな眺望を独り占めとは、贅沢の極みだ。

小さな山と侮るなかれ。これこそまさに極上の山歩きである。

右／山頂に置かれた信楽名物の大だぬき。さすが信楽の山
左／平不動尊の手洗いの横にあった手水鉢がわりの土鍋。ここはもう三重県伊賀の国との境。土鍋もこれまた伊賀焼の名産だ

上右／頂上から東南へ進み少し下ったところにある薬師堂跡
上左／堂跡から少し下にあった黄金の鶏伝説を伝える井戸
下／雨乞岩からの眺め。岩は結構大きなもので、すっぱりと切れ落ちていた

湖南の山／笹ヶ岳

●コース案内

信楽《しがらき》の山々のような雑木の山に登るのは、やはり暑い夏は敬遠して冬の季節に限る。それも小春日和の暖かい日を選びたいものだ。信楽の山は日だまりの風景が一番似合っている。笹ヶ岳の他にも飯道《はんどう》山や大納言《だいなごん》などの山がおすすめ。

わが家は信楽のファンだ。家から近いところでもあるので、年に何度も通う。その第一が秋田かしわ店のかしわである。そしてその買い物ついでに隣の伊賀に行って福八代《ふくや》で豆腐を買い、窯元やギャラリーで信楽焼の器を見る。これが定番コースである。また田代にあるミホミュージアムは、他の美術館とは一味違った企画が興味をひき、立ち寄ることもよくある。近くには宮野温泉もあって、楽しみの多いところである。まあ山登りは、どちらかというとそんなコースのついでということになるだろうか。

東登山口には大きな道標があるのですぐわかる。ここから山頂が望まれ、頂上まで一気に真っ直ぐ登るコースである。

東登山道は赤松の雑木林にその名前の通りに笹が茂るコースで、急登が続いた。大岩がある先で沢を渡ると、あとは尾根道となる。山頂は伐り開かれていて大きな信楽名物のたぬきがどしんと立っており、北側が開けて眺望が広がっていた。

頂上から東南に尾根通しに進むと薬師堂への分岐があり、右へと進む切り開きが雨乞岩へのルートとなる。踏み跡追っていくと広い道に出て東屋がある。ここを北へと下ると平不動尊でその先に雨乞岩がある。

雨乞岩からは笹ヶ岳頂上に戻って西登山道から下った。しばらく稜線を歩くと、北へと下る道がある。植林の中の急な下りだが、しっかりとした道が南新田へと続いている。

●極上ポイント

素晴らしい展望が望める雨乞岩がある。この山に登る人は多いが、雨乞岩まで足をのばす人は少ないようだ。ササユリが有名なので五月から六月もいいのだろうが、やはり展望は冬の晴れた日がおすすめだ。また他の見所として山頂から東南の谷間に薬師堂跡と井戸がある。

●コースメモ

参考タイム／新田東登山口（1時間30分）笹ヶ岳（30分）雨乞岩（1時間30分）南新田西登山口

2.5万図／信楽・島ヶ原

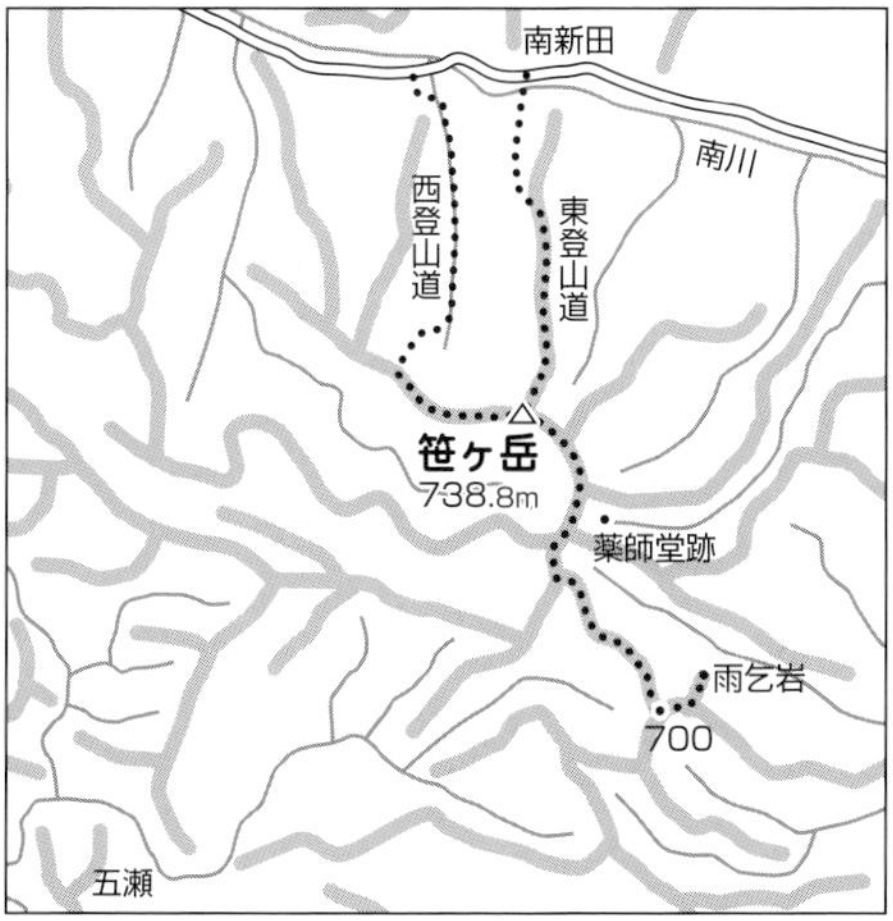

右頁右／登山口にはササユリ保護の立て札が立てられている
右頁左／伐り開かれた頂上。笹と雑木林が続いた笹ヶ岳の名にふさわしい山だった
左頁／笹ヶ岳を仰ぐ登山口。棚田と竹林と窯元の家屋。ここもまた信楽らしい雰囲気をもっている

雪山、ヒューヒュー

奥越の雪山スキーと春の山歩き

銀杏峯と書いてゲナンポ、こう読むと何となく親しみがわいてくる。大野の市街地からも近くて取り付きやすい山である。

近畿の山には山スキーのできる山がほとんどないので福井県の山によく行くのだが、近年の暖冬傾向は豪雪地帯にも押し寄せ、思うように雪のない時が多い。私の住む滋賀県でも昭和五十六年の大雪の年には、湖北の地には6mという積雪があったというのに、どうなったのだろうか。寂しいことだ。

でも藪山スキーは慣れている。いい斜面さえあればヒューヒューの歓声だ。これだけあればスノーシューでもヒューヒュー。

陽射しが明るい春もまたいい。ブナの尾根を登ると、山上に小さな流れがあり、ザゼンソウやオウレンが咲く。やっぱり山はいいね。

上／だれも踏んでいない雪を滑る気持ちよさが、山スキーの虜にする
左／名松新道を前山に登ると雪が残っていた。残雪の上に出て白山連峰を眺める

右／この日は頂上まで行かずに稜線に出たところから下った。ブナの尾根の滑降は
最高の気分だ
左／宝慶寺から登り始める名松新道。前山を過ぎるとブナ林の美しい尾根となる

右／春山のブナ林の登り。秋もきっといいだろう
左／早春の強い光は雪質を悪くするが、こんな気持ちのいい林をぐんぐん登って行くと、そんなことはどうでもよくなる

奥越の山／銀杏峯

●コース案内

銀杏峯《げなんぽ》は高速道路からのアプローチも近く比較的便利な山だ。登山口となる宝慶寺《ほうきょうじ》いこいの森まで簡単に入れるので、京阪神からも近づきやすい。積雪期の山スキールートとしては小葉《こば》谷、志目木《しめき》谷がよく滑られており、無雪期も宝慶寺いこいの森からの名松《めいしょう》新道や小葉谷林道からの林道コースがある。

スキーでは志目木谷右岸にある林道から取り付く尾根を登っている。取り付きは水車小屋のところからだ。林道を離れて尾根に取り付くと傾斜が急になり苦しいが、登るにつれて美しいブナの尾根となった。稜線に出てから頂上までだだっ広い尾根が続いているが、一ヵ所急斜面のトラバースがある。雪質によってはいやらしいところとなり、スキーアイゼンがほしい。滑降は志目木谷を滑った。

無雪期は名松新道と林道コースがあるが、おすすめは名松新道を登って小葉谷の林道へと下るコース。

名松新道はいこいの森駐車場から登るが、林道を横断してから名松新道の道標があり、登山道が始まる。最初登山道は比較的緩やかな植林と雑木が混じる林の中を登って行くが、やがて急な登りが続くようになった。

尾根は雑木林からブナ主体の林へと移ってゆく。緑の切れ目からは大野盆地の眺望が開け、その背後には奥越の山々とまだ白く雪を頂く白山の姿が望めた。

前山の頂上を過ぎると美しかったブナ林は細い灌木帯へと変わり、もう頂上も近くなる。広い稜線に出ると小さく盛り上がったピークが見え、雪解け水が小さな流れを作っていた。刈り込まれた笹の道を登ると三六〇度の眺望が広がる頂上に着く。下りは笹原を西へ進み、北西の急な尾根を下って林道登山口に出た。

●極上ポイント

市街地からも近く手軽に雪山が楽しめる。山スキー良しスノーシューもまた良しの素晴らしい山だ。また春のブナ林が美しく、ザゼンソウ、キクザキイチゲ、カタクリ、ニリンソウ、チゴユリ、ヤマルリソウ、オウレンなど多くの花が咲く。また雪をかぶった白山連峰の眺望も最高。

●コースメモ

参考タイム／（無雪期コース）宝慶寺いこいの森名松新道登山口（2時間10分）前山（2時間10分）銀杏峯（1時間15分）小葉谷林道登山口（45分）宝慶寺いこいの森

2.5万図／宝慶寺

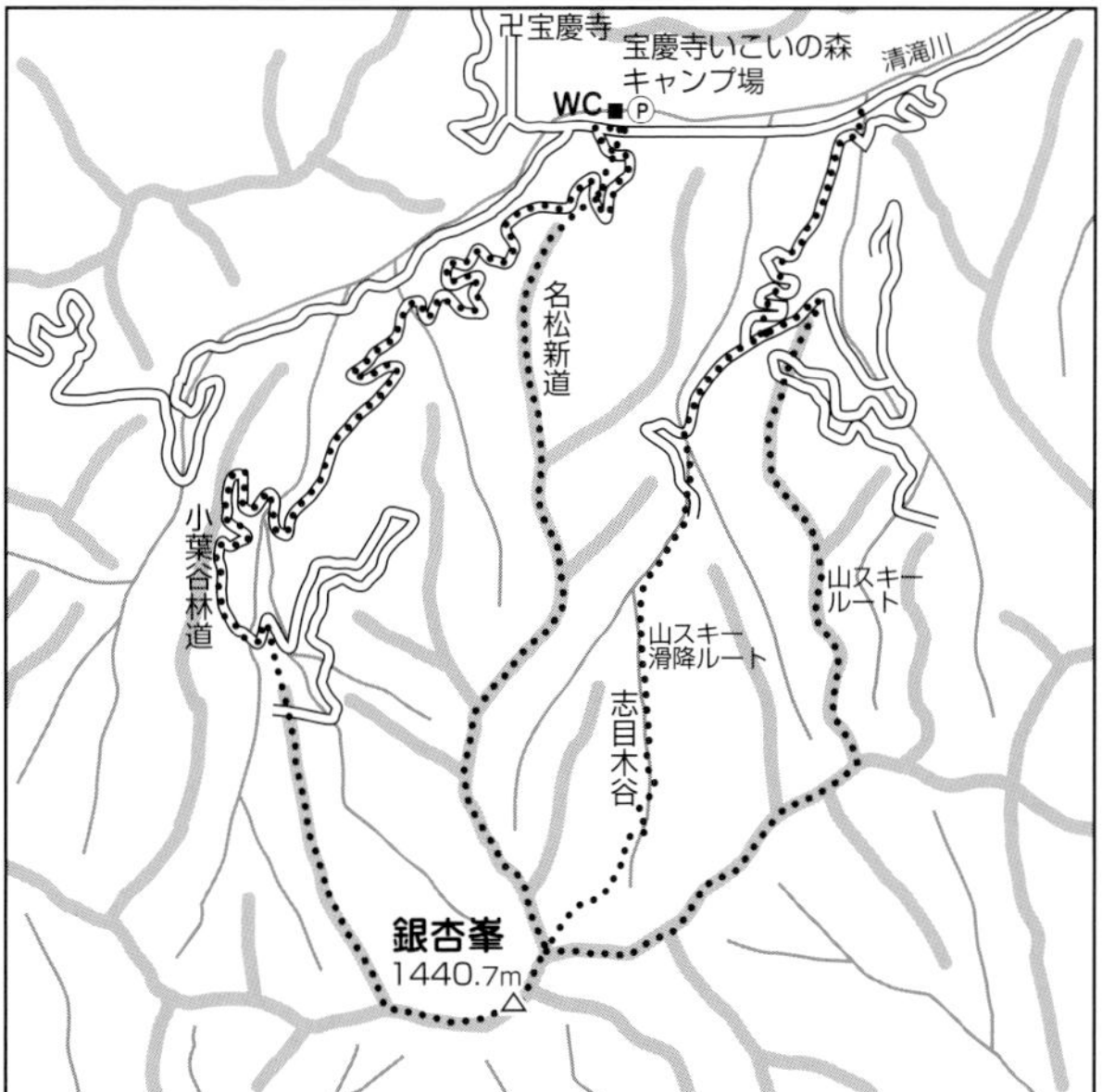

上／緩やかに広がる稜線に出てからもまだ頂上は遠い。下りの滑降を楽しみにゆっくりと登って行く

古道を歩く楽しさ

磨り減った石畳の道、熊野古道

熊野古道伊勢路の巡礼は、石畳の峠道を登り路傍の石塔、石仏に手を合わせ、光る海を眺め下って宿をとる。それを繰り返して熊野を目指した。こうして昔の人々が心の安寧を求め旅した古道には、今を歩く私は少し黴臭く重苦しいような感覚を持っていた。

しかし実際に古道を歩いてみると、随所に海が開ける伊勢路の明るさに圧倒された。硬い殻をカツンと割って、プルンと剥け出た真っ白なゆで卵を手にしたようだった。

熊野古道の黴臭い峠道は、私の中にまた違った感覚を膨らませ新しい道として甦った。熊野の本宮大社まで歩いて、自身が探している山旅を見つめてみたくなった。

こんな気持ちにさせたのも、聖地へと向かう人々の内なる心の道だからであろう。

上／足当りの柔らかな石畳道から二木島湾を見下ろす。伊勢路のいつものパターンだがやはり眺めは新鮮
下／大吹峠道に並ぶ竹林を抜ける陽射しが石畳に模様を描く

右上／ JR 新鹿駅の朝。車での山行きが多い昨今、ローカル鉄道での山行きが新鮮だった
右下／大吹峠を下りると波田須の家々の向こうに輝く海が広がった

右頁／曽根次郎坂太郎坂の峠道からの眺め。深い木立の間から眺める海は格別だ。
左頁／早春とは思えない強い陽が差し込む大吹峠への登り

熊野古道3伊勢路／賀田から大泊

●コース案内

熊野古道は区切って気軽に楽しめる山歩きコースとなっている。日帰りでもいいいし、宿に泊まって何日か続いて歩くのもいいだろう。古道に沿ってJRやバス路線が重なっている部分も多いので、日帰りなら下山地点に車を置いておいて、JRやバスで登り口へと行けば、マイカーでの山歩きも可能だ。

ここでは二日間で賀田《かだ》から甫母《ほぼ》峠、曽根次郎坂太郎坂を越えて二木島へと下り、再び二木島《にきしま》峠、逢神坂《おうかみさか》峠を越えて新鹿《あたしか》で一日目を終える。翌日はJRで大泊《おおどまり》まで行き、大吹《おおぶき》峠から波田須《はだす》へと越えて新鹿まで戻っている。

どのコースも山道はしっかりとして道標も多く、間違いようがないが、里に下りて家々の間を通るところで間違えることがあった。そんな時には道で出会った人に訪ねたのだが、おばあちゃんにみかんをいただくなど、旅こその楽しさにふれあうことができた古道歩きだった。

曽根次郎坂太郎坂から二木島への下りにはイノシシやシカから田畑を守るために築かれた猪垣を見る。大吹峠道は竹林が多く、光が射し込む緑の揺らめきと、真っ直ぐな竹が並ぶ風景が美しかった。大吹峠を越えた波田須から新鹿までは峠道といった山中の道ではなく、海に沿った山際の道で、新鹿に出ると白砂の海岸が開ける。この変化が面白かった。

●極上ポイント

熊野古道の佇まい。この雰囲気こそが何にもかえがたいものであろうが、道とマッチングして作り出された美しい風景と人々との出会いにも、歩く旅の楽しさを感じた。伊勢路の各コースではやはり海を眺めるさまざまなポイントが素晴らしかった。このコースでの極上は波田須から眺める海の風景だった。波田須は不老不死の仙薬を求め、中国から渡ってきたという徐福《じょふく》が上陸したと伝えられる地で、徐福宮が祀られている。

●コースメモ

参考タイム／［1日目］賀田（1時間30分）二木島（2時間20分）新鹿
［2日目］大泊（1時間30分）波田須（1時間30分）新鹿

2.5万図／賀田・磯崎

市販の地図ではジョイフルマップシリーズ『熊野古道Ⅱ』がある。また伊勢路イラストマップ探検隊発行の『熊野古道伊勢路図絵』が無料で配布されていた。ほかには市役所や観光案内所などに資料がある。

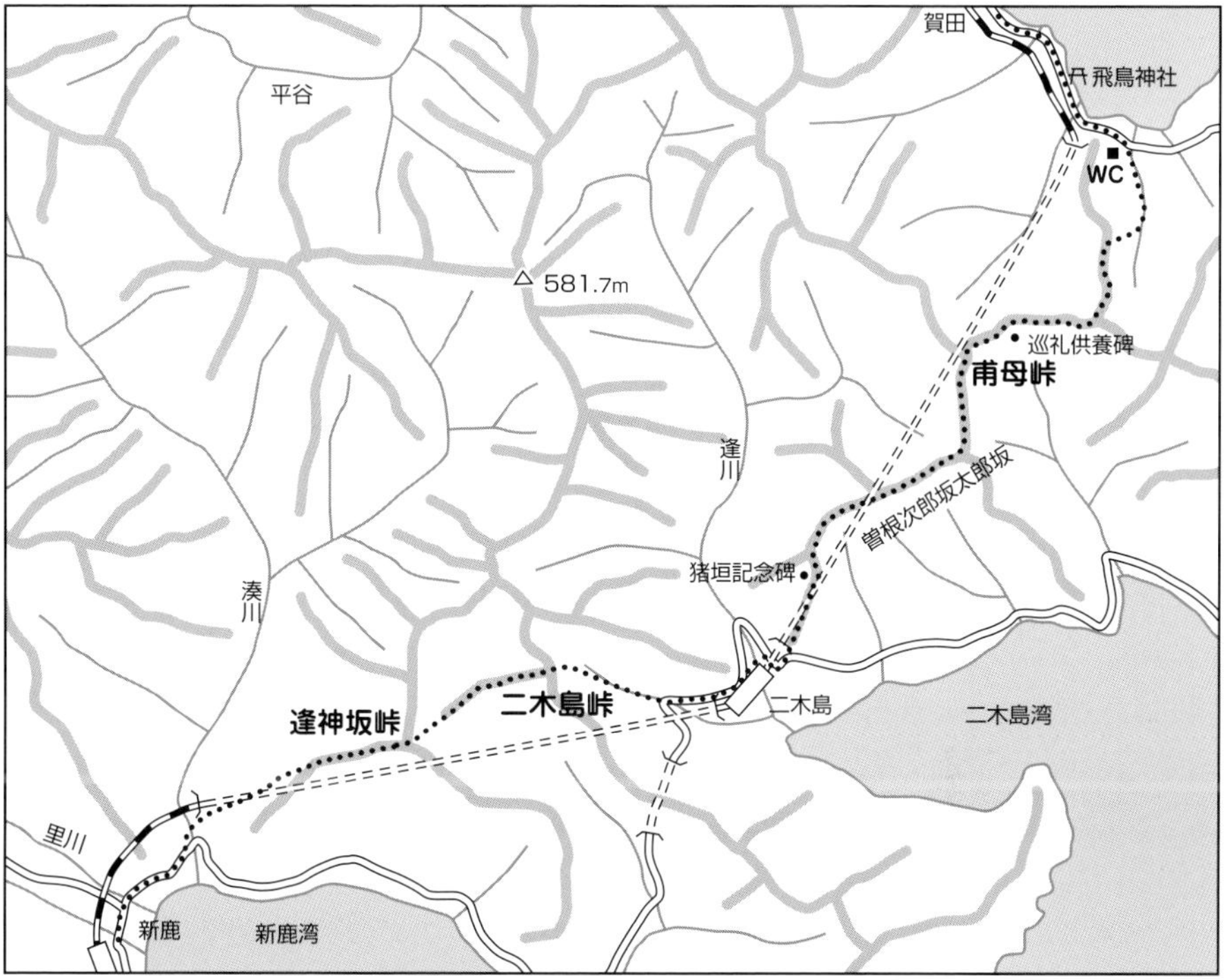
賀田
飛鳥神社
WC
平谷
581.7m
巡礼供養碑
甫母峠
逢川
曽根次郎坂太郎坂
猪垣記念碑
湊川
二木島
二木島湾
逢神坂峠
二木島峠
里川
新鹿
新鹿湾

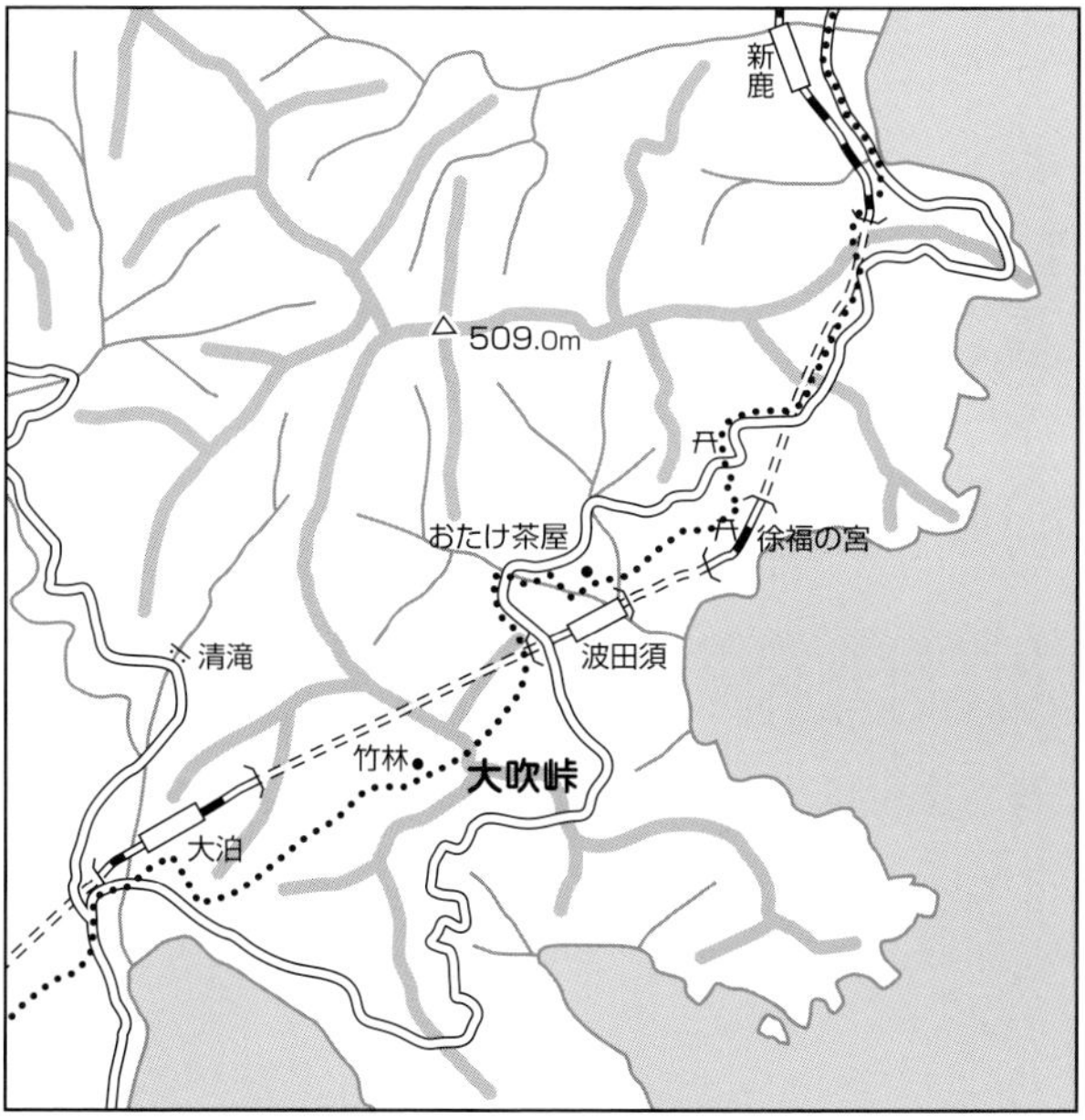
新鹿
509.0m
おたけ茶屋
徐福の宮
清滝
波田須
竹林
大吹峠
大泊

右上／薙刀山頂上直下。この登りももう少しの我慢だ
右下／新雪の痛快な滑り。頂上直下の緩やかな広がりから急斜面を推高谷まで下る間のところだが、雪の量が少ないと薮が顔を出している
左／野伏の裾を回り込んで推高谷を渡り、急斜面を我慢して登って眼前に広がる風景…。もう帰りの滑りを思い浮かべている

イトシロという響き

広大な雪原を囲む山々

石徹白《いとしろ》、不思議な地名である。雪のシーズンにイトシロという地名を聞けば、そわそわと腰が浮き上がりそうになる。

何年か前に石徹白の旅館に泊まり、そこのおじいちゃんと話しをしていると、「日本全国に雪がなくても、ここ石徹白には必ずある」という言葉を聞かされた。それほどの豪雪地だったのである。私たちには雪はただの遊びの対象であるが、ここに住んできた人々は、冬をどんな思いで過ごしてきたのだろうか。この言葉から雪への気持ちが分かったような気がした。

私にとっての〝イトシロ〟という地名は、山スキーパラダイスそのものだ。特にここ薙《なぎ》刀《なた》山が好きだ。この写真を見ただけで分かっていただけるだろう。言葉はいらない。

右／林道を登って和田山牧場跡の雪原に出ると正面に野伏の端正なピークが望める
左／同じく和田山牧場跡からの小白山。小さく尖ったその姿が美しい

奥美濃の山／薙刀山

●コース案内

石徹白集落は周りを二〇〇〇m足らずの山々に囲まれた深い山間の地で、東側の福井との県境をなす山稜に、小白山《おじろやま》、野伏《のぶせ》ヶ岳、薙刀《なぎなた》山、願教寺《がんきょうじ》山などの山々が連なっている。この山々の下には和田山牧場跡の広大な台地が広がり、各山頂へと往復する格好の基地となっている。何度来てもこの雪原には心をときめかし、また来たいという気にさせられる。いずれの山も強靭な薮が阻むが、積雪期には山スキーやスノーシューでの快適な山歩きを楽しめる。山頂から雪原が広がるこの台地へと滑り込むコースは、多くの山スキーヤーを魅了してきた。

薙刀山は山稜直下が緩やかに傾く斜面を持っており、変化にとんだ地形に魅力を感じている。登山口となる石徹白上在所《かみざいしょ》の白山中《はくさんちゅう》居《きょ》神社を早朝に出発すれば、十分に日帰り可能だ。

薙刀山というこの山名は、昔このあたりで広く行われていた焼畑地名のナギハタからきたといわれている。

白山中居神社から和田山牧場跡までは林道がついており、途中から林道をショートカットして適当に登って行く。標高一一〇〇m足らずの台地の端まで登ると、広大な雪原が広がり、野伏ヶ岳が美しい姿を見せた。

雪原を横断して野伏の裾を右に回り込んで、推高《したか》谷の斜面に入って、谷が浅く広がったところで谷を横切って急斜面に取り付いた。標高差一〇〇mほどを我慢して登り切ると、薙刀山へと登る緩やかな斜面が開ける。晴天の日に見るこの広がりには誰もが心を揺すられることだろう。頂上までは自由にルートがとれ、雄大な眺望を楽しみながらの登りだ。頂上に出て、後続の友を待った。

下りは頂上から推高谷横断点までが最高！牧場跡からの林道も快適な滑りだった。もちろんスノーシューやワカンでも存分に楽しさが味わえるコースである。

●極上ポイント

積雪期の和田山牧場跡の台地の広がりと、薙刀山直下斜面の滑降に尽きる。どこを見ても、どこを歩いても、何も言うこと無し。

●コースメモ

参考タイム／石徹白上在地白山中居神社（1時間30分）和田山牧場跡（2時間20分）薙刀山（1時間10分）和田山牧場跡（40分）白山中居神社　※スキーでのタイム

2.5万図／願教寺山・二ノ峰・石徹白

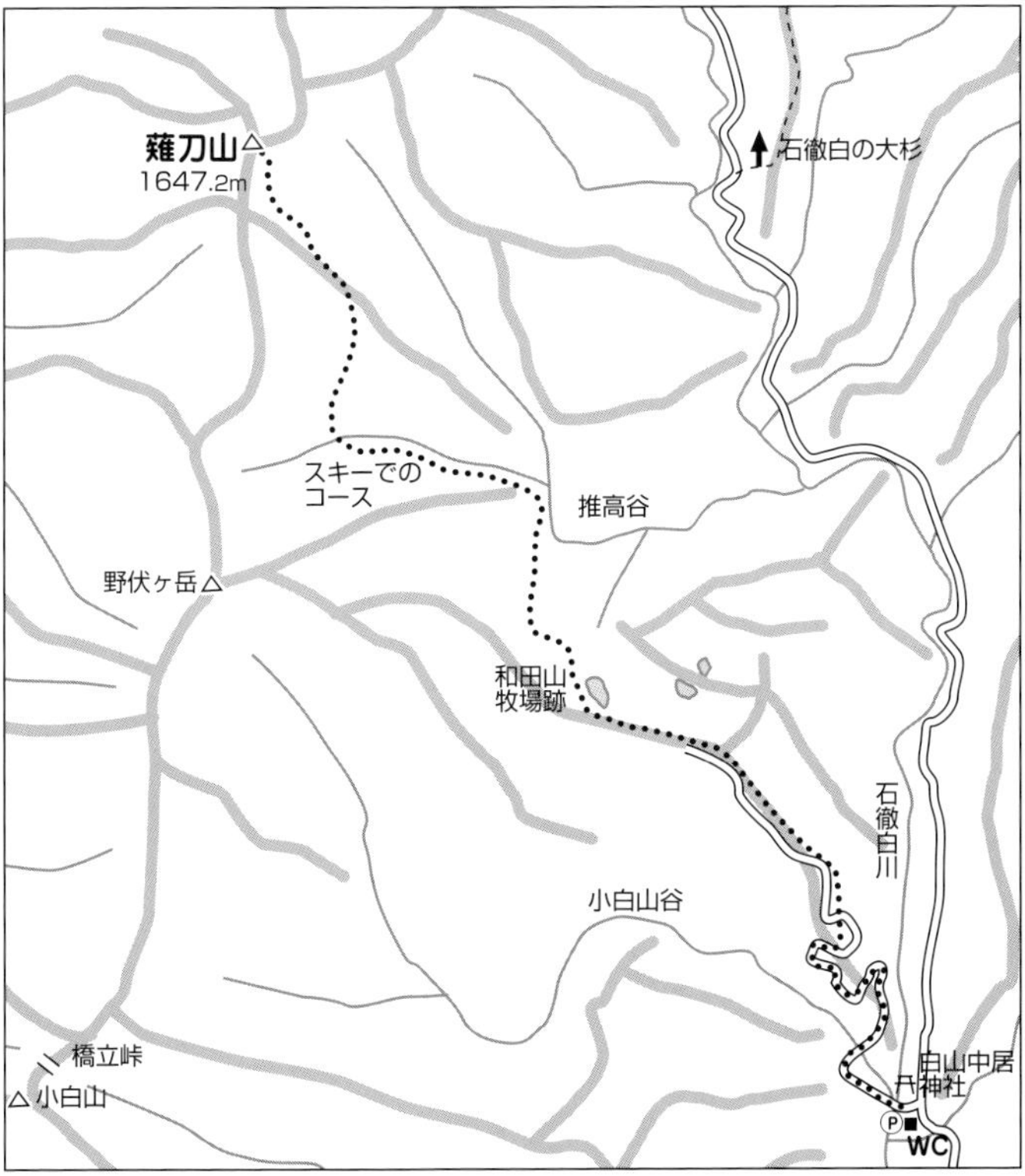
薙刀山
1647.2m
石徹白の大杉
スキーでの
コース
推高谷
野伏ヶ岳
和田山
牧場跡
石
徹
白
川
小白山谷
橋立峠
小白山
白山中居
神社
P
WC

右上／近江坂古道の近江側起点となる酒波寺。エドヒガンの巨樹が美しい寺
右下／若狭側の古道も掘れ込んだ道が続く
左／能登越を越えて下り立った天増川の源流

甦った馬道

執念で探った復活の古道を辿る

私の手元に、昭和四十八年に創元社から発行された『京都北部の山々』という昔のガイドブックがある。著者は金久昌業《かねひさまさなり》氏。京都にある北山クラブの創設者で、北山のガイドブックを多く著された。しかし金久氏も故人となられ、その名前も遠くなりつつある。

昭和四十八年といえば私が山登りを始めて五年目で、最も熱心に山へと通っていた頃だ。ワクワクドキドキして読んだ本、今、そんな気持ちで読むガイドブックなんてあるだろうか。中でも、馬が通ったという山中の古道「近江坂《おうみざか》」が最も気になった。

そんなに入れ込んで読んでいたのに実際によく歩くようになったのはここ十年ほどのことである。最近になってやっと金久昌業氏が近くなったような気がしている。

湖西・若狭の山／近江坂古道

●コース案内

ここでは滋賀県の今津側の酒波《さなみ》から処女湖、平池辺りまでと、福井県側の能登野《のとの》から天増川源流までを紹介したい。近江坂ではこの両コース以外の、平池《ひらいけ》から天増川源流までに、大御影《おおみかげ》山、三重嶽《さんじょうだけ》、大日などの山々があり、登山コースとして良く歩かれ、紹介もされている部分だが、両端の登り口となる峠道はあまり歩かれていない。今津側は横に林道が並走しているし、若狭側は能登越から先、天増川源流までしっかりとした道がなく登山道として成り立ちにくいので、忘れられた道となっているようだ。しかし峠道を歩いてみるとしっかりとした道が残され、酒波側は整備もされ歩きやすくなっているし、峠道歩きとしても魅力あるコースとなっている。

酒波側の古道は整備され、東屋などの施設も作られている。人の背丈ほどに掘れ込んだ道が続いて赤坂山手前で林道と交差するが、これ以後も林道と並走している。春はバイカオウレンやイワナシが多く、花の道となっている。ビラデスト今津からは箱館《はこだて》山への遊歩道を歩いて処女湖から平池を巡るコースは、一日コースとして満足できるものだった。

能登野側は能登野から八幡川に沿って林道を進み尾根に取り付く。酒波側ほど整備された道ではないが、しっかりと踏まれた峠道が続いていた。北山クラブの人たちが探し出した復活の古道である。能登越から天増川源流へは小さな谷に沿って下るが、ほとんど道はない。しかし天増川本流の能登郷《のとごう》まで下ると、鉄塔の巡視路となっている道が大日へと登っており、峠道として続いて行く。

●極上ポイント

湖西今津の酒波から登る道も、若狭の能登野からの峠道も、深く掘れ込まれた道の美しさが魅力だ。いつから歩き続けてこられたのだろうか。ここでは最初と最後の峠道しか紹介していないが、今津の酒波から若狭の能登野まで、峠道を通して自然林の道が続いている。特に大御影山から大日付近までのブナ林は大きな木も残っている。

●コースメモ

参考タイム／
今津側　酒波（2時間）ビラデスト今津（1時間30分）酒波
若狭側　能登野（2時間）能登越（20分）天増川源流（30分）能登越（1時間20分）能登野
2.5万図／海津・熊川・三方

右頁右／能登越から天増川への下り
右頁左／緩やかに広がる天増川源流。樹林が美しい
左／すぐ横に林道が走っているが、酒波寺から古道が整備されている。道にはバイカオウレンやイワナシ、ショウジョウバカマなどが花を咲かせていた

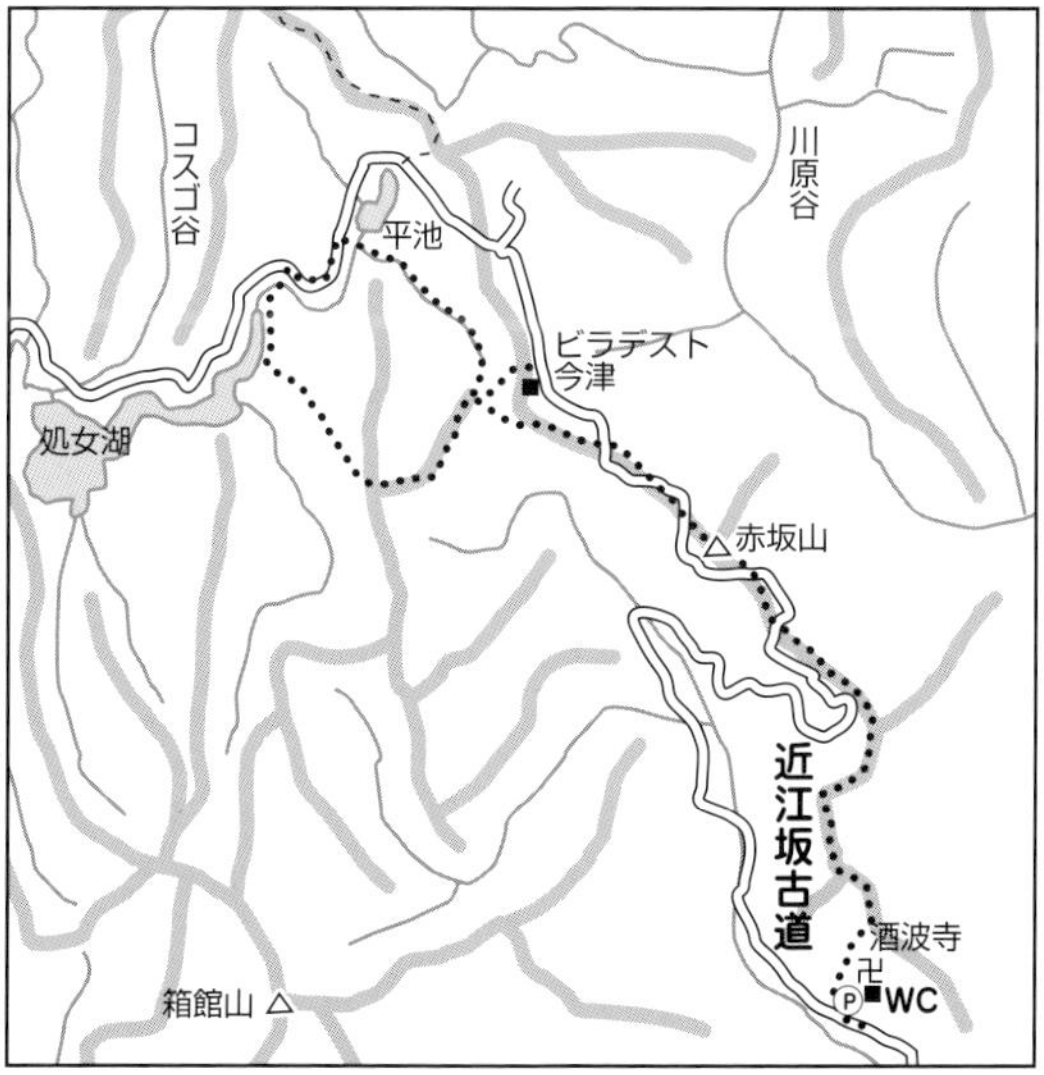

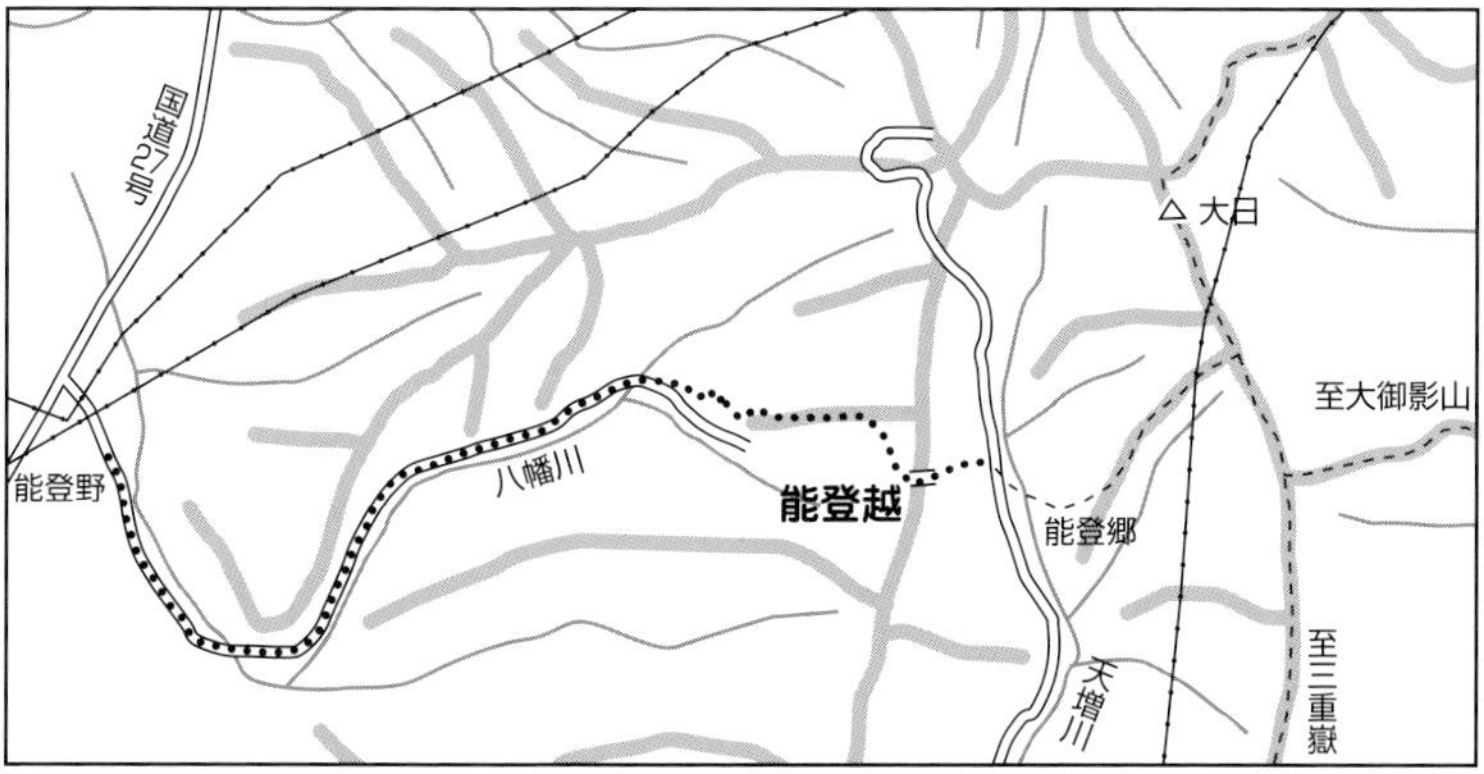

桜、見事なるかな

春いろを巡り展望を楽しむ

桜の名所はどうもあまり好きになれない。桜そのものは美しいのだが、名所となるとざわざわと騒がしく、美しいはずの桜の花も何となく埃っぽく見えてくる。

大洞《おおぼら》山の麓にも三多気《みたけ》のサクラと呼ばれる美しい桜があるのは知っていた。でも雑踏が嫌で尻込みをしていたが、大洞山にも登りたくて、平日に時間を作って出かけてみた。

天気の悪い日に来たのも正解だったようだ。桜並木も山も静かで、小雨の山里に咲くサクラは、それはもう素敵だった。山もこの天気では眺望は冴えなかったが、こんなにも花が多いとは思ってもみなかった。真福院《しんぷくいん》横のニリンソウから始まって、各種のスミレやコガネネコノメソウ、カキドオシなど、林床に咲く小さな花々にも魅せられた。

大洞山で出合った各種のスミレ
上右／ニオイタチツボスミレ
上中／フモトスミレ
上左／エイザンスミレ
下／タチツボスミレ

左上／小雨が降り出ししっとりと雨に濡れた三多気のサクラ
左下／大洞山の山腹をトラバースする自然歩道。晴れやかな山稜とは対照的な落ち着いた道

左／大洞山から見た尼ヶ岳。円錐形のきれいな形の山が多い

伊勢の山／大洞山

●コース案内

室生《むろお》から伊賀、伊勢の山は火山特有の優美な形をした山が多い。見る山としてはいいが、登る山としてはイマイチ食指が動かなかった。しかし行ってみるといろいろと心が動かされたところがあった。

真福院参道のサクラは、集落や周辺の地形、そして古寺との組み合わせはベストマッチといってもいい風景だった。真福院から登り始めるとニリンソウが咲いていた。今日はいい山になるのかなという予感がした。

登山道に入ると、いろいろなスミレに出合って悦んだのも束の間、杉林の中に入ると殺風景になり、急な階段登りが続く、一番楽しくない道となった。

ススキの原に出ると大洞山雌岳の頂上である。展望は抜群だが、あまりにも広く伐り払われているので、ここも殺風景だ。緩やかな道を辿るともう一つの頂上の雄岳に着く。目の前にはよく似た形の尼《あま》ヶ岳が見えていた。

急な道を一気に下って灌木帯に入ると、やがて右に東海自然歩道の道を分けてから、車道が通る倉骨《くらぼね》峠に出る。少し戻って東海自然歩道の山腹道から帰ることにした。

この歩道は石畳の道だった。何に使われていたのだろうか。丁寧に石が敷かれた気持ちのいい道であった。この道の両側に咲く多くの花を見ながら登山口へと戻ったが、結局、大洞山前後の記憶が抜け落ち、真福院参道と東海自然歩道の方が印象に残るという不思議な山行となった。

●極上ポイント

真福院参道に咲く三多気のサクラは良かった。サクラの美しさというのは、木自体が立派だとか大きいというのももちろんあるが、やはり一番重要なのは、サクラがあるところの地形や全体の雰囲気ではないだろうか。その点で言えば三多気のサクラは素晴らしいものだった。平地よりも山麓にある方がサクラには合っているのではないだろうか。また大洞山は期待していたサクラだけでなく、草花に多く出合えたのも収穫だった。特にスミレが綺麗だったので、スミレの花だけを並べてみた。

●コースメモ

参考タイム／三多気駐車場（40分）大洞山登山口（40分）大洞山雄岳（20分）大洞山雌岳（40分）倉骨峠（1時間20分）大洞山登山口（30分）三多気駐車場

2.5万図／倶留尊山

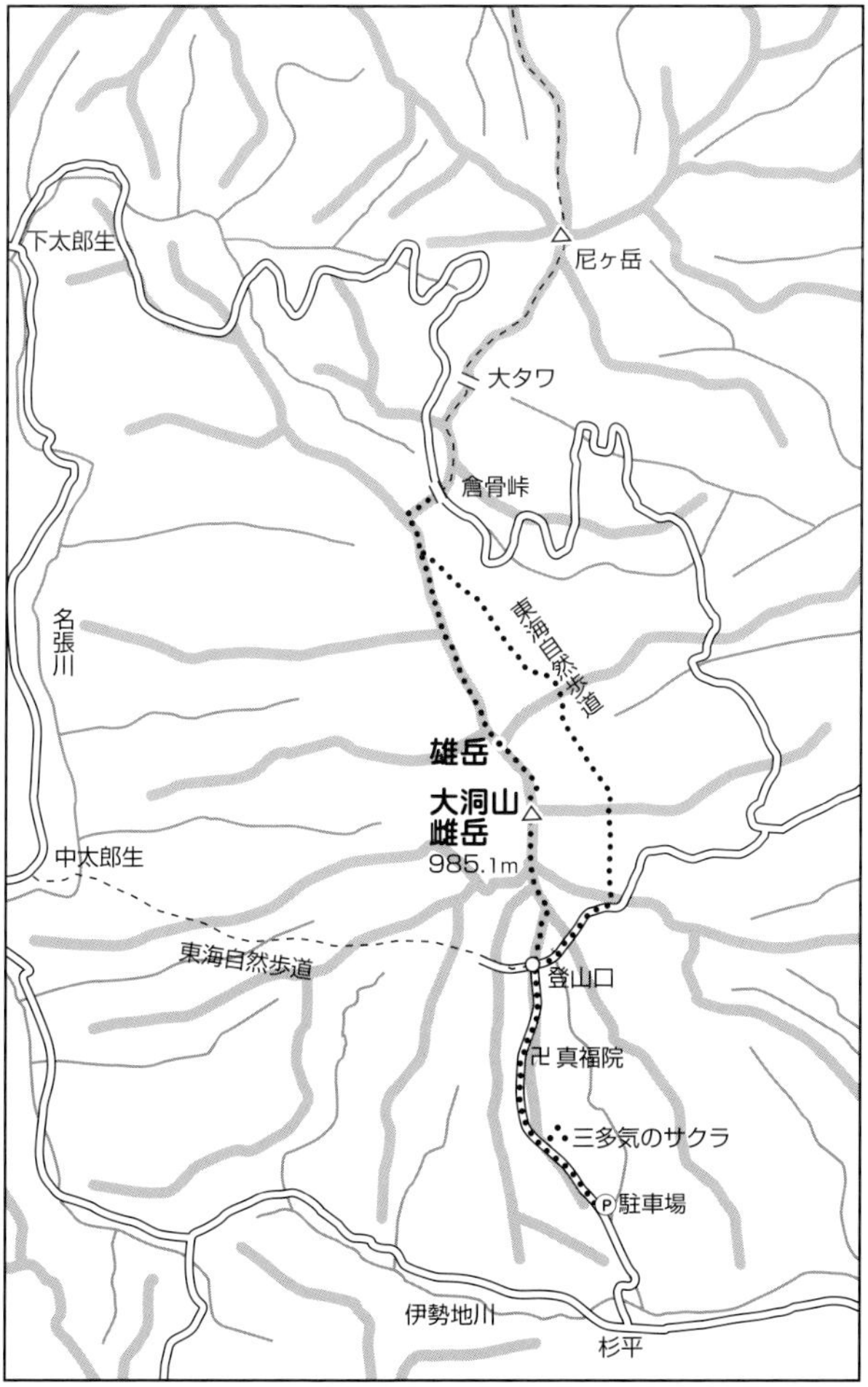

右／参道に大杉が立つ真福院
中／さくらが咲き誇る並木道を下る
左／駐車場に咲くさくらの向こうに秀麗な山が姿を見せていた

やっぱり北山はいいなぁ

春の京都北山ワンダリング

久々に巡った北山は緑の回廊だった。

車道のある佐々里《さそり》峠が出発点。しばらく尾根を辿って峠から谷に下りる。そして途中で逆に谷を遡って峠に出、再び尾根を歩いて小さな頂を越え、もとの峠に戻った。地図をなぞってみればこんな複雑な一日である。

アシウスギ、ブナの巨樹、イワカガミ、シャクナゲの花々、朽ちた丸太の桟道、しっかりと掘り込まれ落ち葉の積もった峠。ひとまたぎで渡る流れ。記憶を遡ると、取り立てて目を引く風景もなく巡り歩いた尾根と谷だった。しかし終わってみれば小さな満足感に包まれていた。こんな気分は僕だけではなかったようで、みんなの顔を見ていればそれがよく分かった。

これが北山の良さなのだろう。

上／廃村八丁から品谷山への稜線の途中にある堂々たる根張りのブナ

右／佐々里峠からダンノ峠へと向かう尾根道。足元のイワカガミと頭上のシャクナゲが、緑の中を華やかに彩っていた
左／峠から廃村八丁への下り。谷間は淡い緑に包まれていた

右／廃村八丁への入口となるダンノ峠。菅原から道が上がってきている
左／品谷峠からの尾根は美しいブナが並んでいる

京都北山／廃村八丁・品谷山

●コース案内

京都北山は説明するまでもないほど多くの案内書に紹介され、人々に愛されてきた。なかでも廃村八丁《はいそんはっちょう》は古くから北山ハイカーに親しまれてきた定番コース。私も何度か訪れているので、今更またという気がしないでもなかったが、歩いてみると何を見ても新鮮で、そんな慣れた気分は一掃された。

佐々里峠へは公共交通機関が通っていないので、広河原の菅原を起点としてからダンノ峠から一周するコースをとると、バスの利用も可能なコースとなる。谷から峠、そして尾根と上り下りの多い複雑なコースなので、位置の確認だけはしっかりとしておきたい。特にバスの場合は時間のチェックも大事だ。

佐々里峠からしばらくはアシウスギの巨樹が多い美しい尾根が続く。ダンノ峠を過ぎ次ぎのコルから廃村八丁へと下るのだが、この谷も緩やかに広がった気持ちのいい道である。同志社大学新心荘小屋から道は分岐する。右が小さな峠を越えて四郎五郎《しろうごろう》谷を下るコース、左すれば刑部《ぎょうぶ》谷コースで、谷の美しさが際立つところであった。支流から落ちる刑部滝も見所のひとつだ。そしてこの両コースが合流してしばらく下ると谷が広がり廃村八丁に着く。昔は蔵などが残っていたが、今は殺風景な広がりが目につくところだった。

ここからスモモ谷を遡ると尾根が緩やかにたわむ品谷峠に出た。大きなブナを縫って登り品谷山に着く。ここはそんなに特長のあるピークではないが、北山らしい私の好きな山頂のひとつだ。さらに細々とした踏み跡を辿り、八六〇mピークで朝登ってきた尾根と合流し佐々里峠に戻る。

近頃は山頂のみを目指す山登りが多くなったようだが、そんな中では貴重な好ルートと言えるだろう。

●極上ポイント

廃村八丁付近は京都北山の中でも比較的自然が残されている。杉林が並ぶ単調さからは免れ、アシウスギやブナなど自然林が多く、北山の原風景を見ることができる地域である。とはいっても廃村八丁には集落があったので、人々の足跡も色濃く残されているが、これこそが北山の魅力といえるのだろう。

●コースメモ

参考タイム／佐々里峠（1時間10分）ダンノ峠（1時間10分）廃村八丁（50分）品谷峠（30分）品谷山（1時間20分）佐々里峠
2.5万図／中・上弓削

上／佐々里峠から歩き始めると何本もの大きなアシウスギに出会う。巨樹の放つオーラにはいつもながら圧倒される

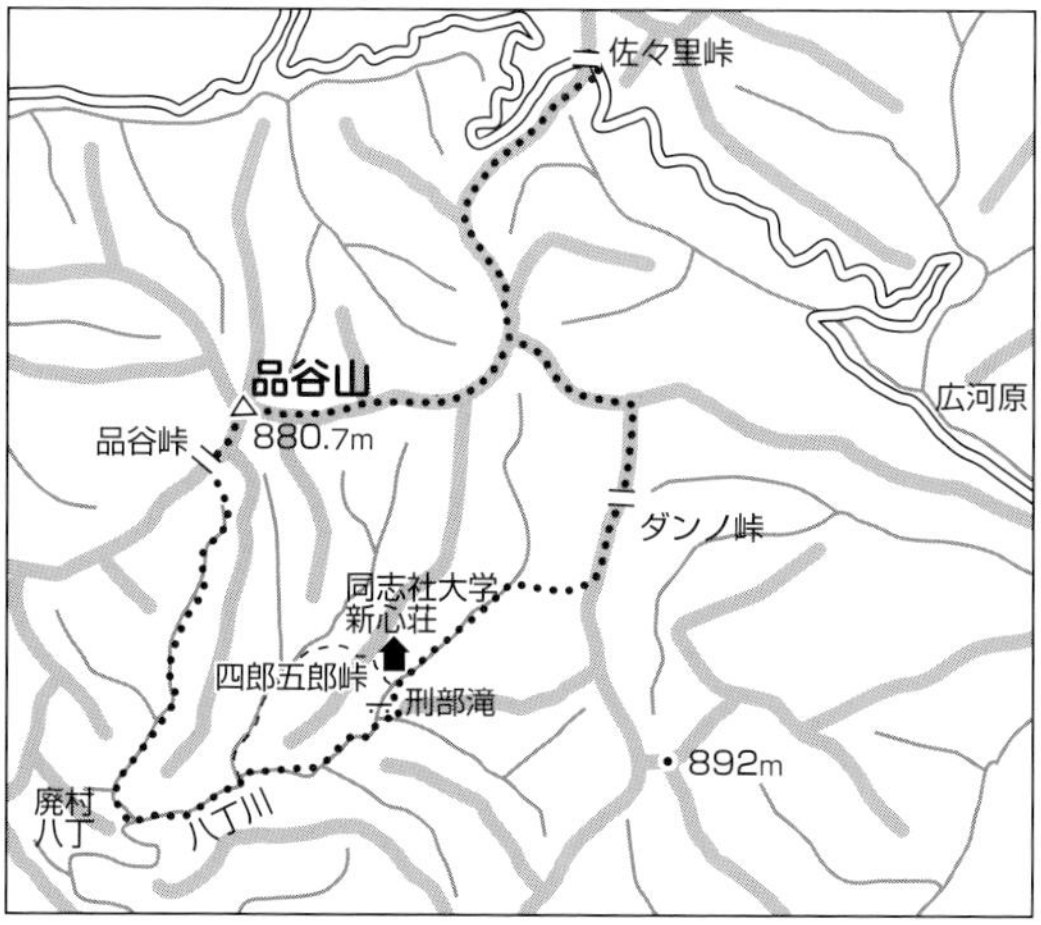

また来たよ霊仙

頂上直下の池を巡り歩く

寒さが緩んでくると不思議に霊仙山へと行きたくなってくる。

今日もおなじみの西南尾根を登っていたが、でも何かひと味、味付けを変えようと、山頂と西南尾根にぐるりと囲まれた窪地を歩いてみた。一般ルートから少し外れているので、登山者も少なく静かなところだった。ここにはいくつかの小さな池がポツリポツリと点在しており、池を巡りながら歩いていると、ひとりの登山者と出会った。

言葉を交わすと、オキナグサを探し歩いているというが、探しあてられなかったようだ。もう諦めると言って登って行った。私の方はたいした目的もない。強いてあげれば今日は池巡りだが、幾つかの池と出合えたので大収穫。次は秋の霊仙かな。

右頁右／笹峠道に群生していたヤマシャクヤク。何とも気品のある花だ
右頁左／笹峠道のブナ林。鮮やかな緑が萌えだしていた
左頁上／西南尾根南霊岳への登り。ぐんぐんと視界が広がる痛快な道だ
左頁下／三角点山頂の北側の広い窪地に小さな池が光る

右／山頂付近から見下ろすと、今巡ってきた小さな池がひとつ光っていた
中／ここは霊仙の有名な池、おとらが池
左／経塚山からの下りの笹原はいつ歩いても気持ちがいいが、この快晴の下での稜線漫歩は格別の気分だった

鈴鹿の山／霊仙山

●コース案内

木々の芽吹き始めた頃のあの何ともいえない色合いが好きだ。その頃になると鈴鹿の山を歩きたくなるのだが、その候補の筆頭に上がるのが霊仙山《りょうぜんさん》である。山全体の空気がこの季節に合っているのだと思う。夏にはヒルさんがお出ましになるのかと思うと気が進まないが、春はいい。

お気に入りのコースは西南尾根である。落合や今畑といった静かな集落跡を通るというのも気に入っている。寂しい集落だが、春にはそんな空気も和らいで、歩いていても温かさを感じるのである。ブナ林が残る笹峠の道も、ブナの緑が萌え始めた頃である。いつも笹峠からの急斜面で何度も立ち止まって尾根を眺める。あの芽吹きの複雑な色合いと、もこもことした木々の重なり、そして遠く広がる琵琶湖。最高の眺めである。

三角点ピークが向かい合うところまで登ると、真ん中の緩やかに窪んだ笹の原へと下った。樹林の中にひっそりとたたずむ池。この窪地の中にいくつか池が点在しているが、池のある場所によって表情がまったく違うのが面白かった。一つずつその池の風情を楽しみながら、最後は笹の斜面を頂上に向かって登ったが、頂上も平日のせいか好天にもかかわらず静かだった。

山頂からはいつも通り、榑ケ畑《くれがはた》への道を下る。今日はすこぶる澄み切った空で、琵琶湖の眺めが最高だった。こんなに綺麗に見えるのは初めて。いつもより足取りが軽く感じたのもこのお天気のせいだろうか。

●極上ポイント

四月の下旬、フクジュソウは終わり、花には少し中途半端な端境期だったが、見事に花を付けたヤマシャクヤクの群落が見られたのは幸運だった。花の時期にうまく出合えないことが多いヤマシャクヤクだが、その花の数に圧倒された。霊仙といえばゆったりと広がる山稜の雄大さが魅力の山だ。三角点ピークと西南尾根の窪地の池を巡りながら歩いたのだが、素晴らしく晴れ渡った空を仰ぎながらの笹原のぶらぶら歩きは、霊仙の山歩きのレパートリーを一つ増やせた、爽快な山歩きだった

●コースメモ

参考タイム／榑ケ畑（20分）汗ふき峠（35分）落合の今畑登り口（50分）笹峠（2時間）霊仙山（1時間20分）汗ふき峠（15分）榑ケ畑
2.5万図／霊仙山・彦根東部

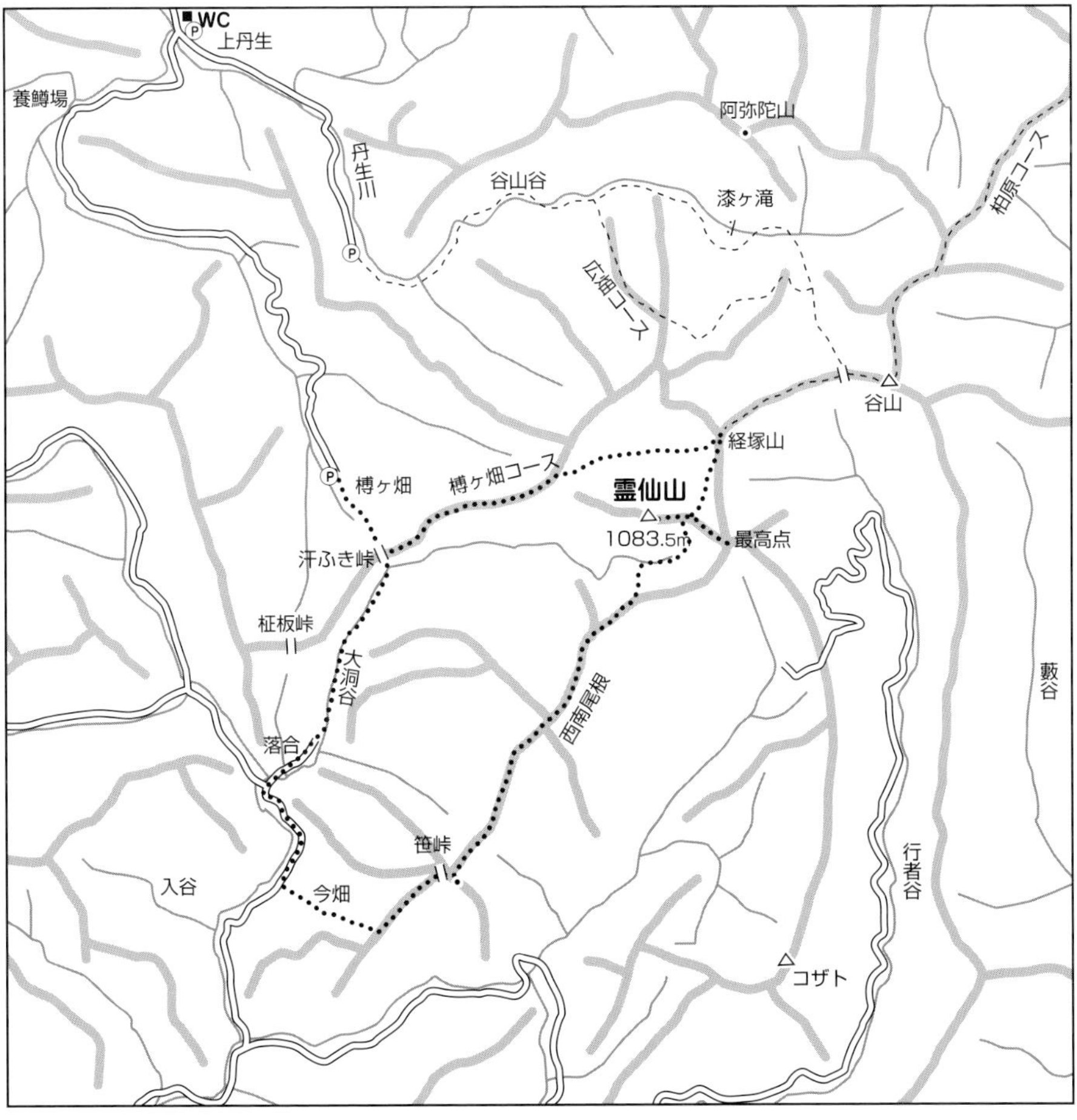
WC
上丹生
養鱒場
丹生川
谷山谷
阿弥陀山
漆ヶ滝
柏原コース
広畑コース
谷山
経塚山
霊仙山
1083.5m
最高点
榑ヶ畑
榑ヶ畑コース
汗ふき峠
杠板峠
大洞谷
落合
西南尾根
笹峠
入谷
今畑
行者谷
薮谷
コザト

水の誘惑

愛知川の美を凝縮した谷を遡る

ゆらめく水の誘惑が、若い頃の山歩きを支配してきた。しかし近頃はその誘いにのることもなく、あれだけ執着してきた沢登りも、めっきりと遠のいてしまった。滝や草付きを登るバランスなど、もうとっくの昔に錆び付いてしまっている。

しかし時として水の誘惑に心を動かされることもあり、水との戯れに興じたりすることもある。簡単な滝を登ってみると、意外と体が自然に動いたりするのが不思議だ。沢登りの場合、体の使い方が重要だということが少し登っただけでも分かる。体を倒したり、開いたり、摩擦の力を利用したりと、ちょっとした体の動きの違いが、スムーズな動きへと繋がる。でも高さへの恐怖の克服だけは、なかなか乗り越えられない。

右頁右／ツメカリ谷は水の色と白い花崗岩と滝下の釜が見せ場だ
右頁左／花崗岩が磨かれて美しいナメを作り出している
左頁／ツメカリ谷出合付近の愛知川本流のトロ。エメラルドグリーンのきらめきが何ともいえない

０５９　鈴鹿の山／愛知川ツメカリ谷

右／滝や釜の一つひとつを眺めながら遡って行く
中／釜に倒れ込む倒木を利用して突破
左／滝や釜の造形が美しく、しかもどこでも登れるのが楽しい

鈴鹿の山／愛知川ツメカリ谷

●コース案内

愛知川《えちがわ》は紅葉で有名な臨済宗の名刹永源寺《えいげんじ》付近で山から野に放たれるが、遡ると御池《おいけ》川、茶屋《ちゃや》川、神崎《かんさき》川の三つに分かれる。中でも真っ白の花崗岩を穿ち、エメラルドグリーンのトロや釜を続ける渓谷美で知られているのが神崎川で、愛知川源流として多くの登山者に親しまれてきた。

愛知川源流は天狗滝を中心に美しい流れを刻んでいるが、登山者のほとんどが伊勢側の朝明《あさけ》渓谷から山越えして訪れる。愛知川支流には楽しい谷がいくつもあるが、ツメカリ谷が本流のミニ版として愛知川のエキスを凝縮した魅力を、最もよく含んでいる谷であろう。

鈴鹿山脈に入った国道四二一号の最終集落の杠葉尾《ゆずりお》を過ぎたところで、神崎川に沿う林道に入る。この林道はジュルミチ谷手前まで伸びているが、その終点手前あたりで風越《かざこし》谷から越えてきたセト峠道が林道を横断しており、この峠道を使って本流へ入谷する。

峠道を十分ほど下って本流に出ると、ここはもう核心部が始まる白滝谷出合の少し下流。谷が開けて中州があり、天気さえ良ければ絶好のテントサイトだ。ここから本流を十分ほど下るとツメカリ谷出合に着く。

ツメカリ谷は出合からほんの少しの間は平凡な流れだが、やがてゴルジュ帯が始まり、滝、トロ、ナメ、釜が連続する。しかしゴルジュといっても明るい花崗岩の谷の中はあまり圧迫感もなく、通過も容易だ。白い岩と水のきらめきが美しい谷を、太股くらいまでつかったり、壁をへつりで抜けたりと、楽しい登りだった。こうした谷遊びを続けて、朴《ほお》ノ木谷出合を過ぎてから、適当なところで右へと尾根を越えて白滝谷へと下った。白滝谷には道があるのでこれを下ると本流に出る。本流を少し下ったところがセト峠道合流点だ。

●極上ポイント

ツメカリ谷は白い花崗岩とエメラルドグリーンのトロや淵といった、本流をそのままミニサイズにしたような支流だといえる。大きな滝や厳しいゴルジュなどはなく、明るく開けたナメ滝や碧く輝く釜が連続する、見て美しく歩いて楽しい谷だ。

●コースメモ

参考タイム／愛知川本流林道（30分）愛知川ツメカリ谷出合（2時間10分）ツメカリ谷、白滝谷間の尾根（1時間）愛知川白滝谷出合（40分）愛知川本流林道

2.5万図／御在所山

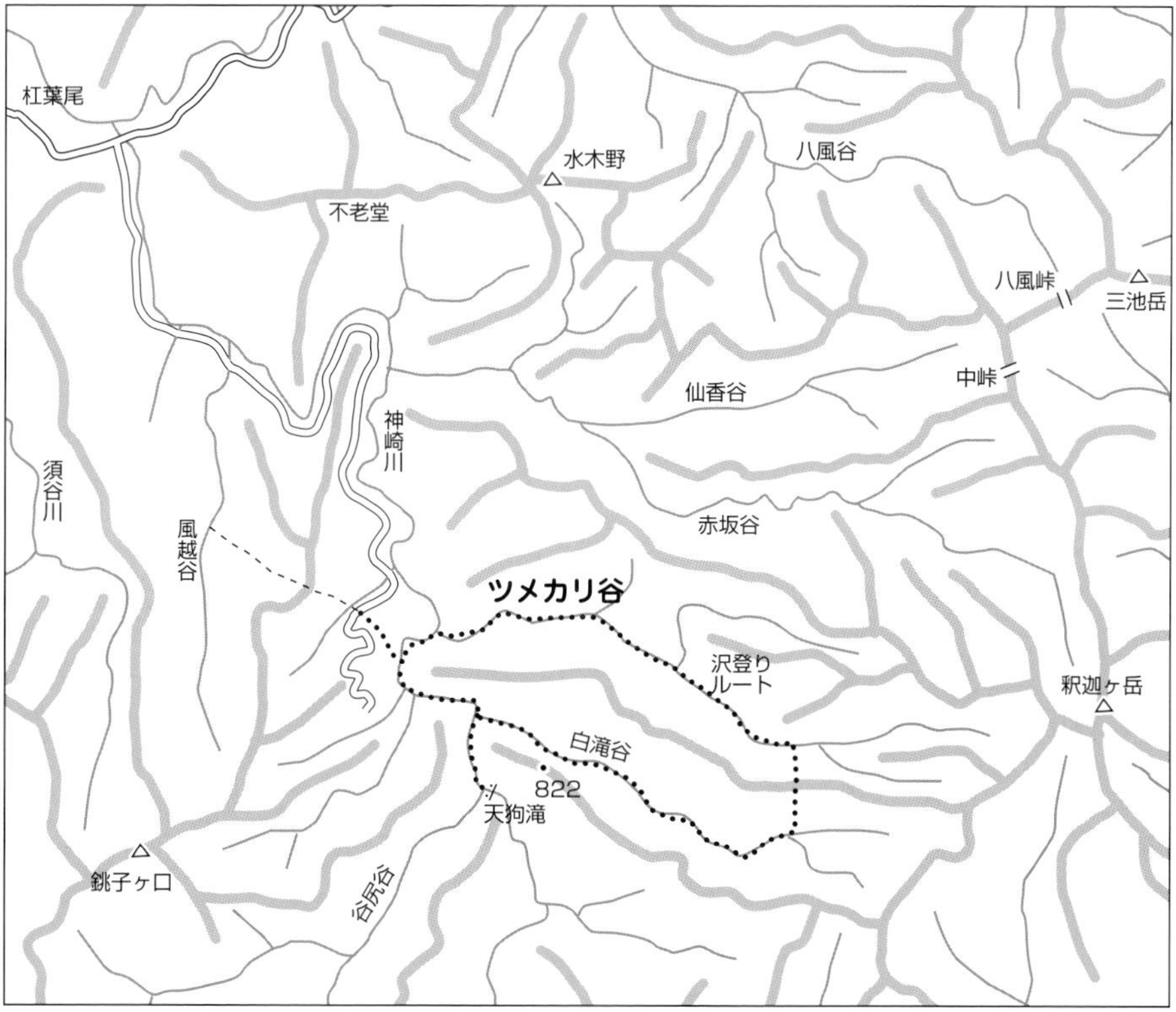
杠葉尾
水木野
八風谷
不老堂
八風峠
三池岳
中峠
仙香谷
神崎川
須谷川
赤坂谷
風越谷
ツメカリ谷
沢登り
ルート
釈迦ヶ岳
白滝谷
822
天狗滝
銚子ヶ口
谷尻谷

こんないい山だったのか

ブナの林とオウレン畑

姥ヶ岳《うばがたけ》の姥、ウバと名のつくものを思い出してみると、ウバザメ、ウバユリなど。ウバの文字は同じ種のなかでも、あまりいい印象として名付けられていないようである。ではこの姥ヶ岳はどうか、登って頭に残ったイメージを並べてみるとこんな具合だ。

芽吹き始めた整然と並ぶブナ林の爽やかさ。そしてその林床を彩るオウレンやサンカヨウやミヤマカタバミの花々。小さな流れが登山道を横切り、稜線の湿地にミズバショウの群生が見られる。そこここに白く大きな花をいっぱいにつけたタムシバがあり、頂上に登れば真っ白な白山が浮かんでいた。

さてこの姥ヶ岳、こんなにも素敵な山。実は妙齢の美女であった。この山は絶対に名前で損をしている。

上／頂上はぐるりと伐り開かれて、白山、能郷白山の展望が開けている
下／稜線の湿地のミズバショウが見頃だった

下右／オウレン畑となっているブナ林に鮮やかなピンクのミヤマカタバミが咲いていた。北陸の山では白以外にピンクの花も見られる
下左／整然としたオウレン畑となっているブナの林。やっと芽吹き始めてきた

上右／日だまりに白いキクザキイチゲがゆれていた
上中／登山口付近では花を開いたサンカヨウがいっぱい。ちょうど見頃だった
上左／登山口付近ではほとんど実になっていたオウレンだが、高度を上げると咲いていた

奥越の山／姥ヶ岳

●コース案内

福井の勝山市、大野市、池田町の後背に連なる奥越《おくえつ》の山々。魅力ある山の連なりである。姥ヶ岳はその中でも西の方にある山で、岐阜県境の能郷白山《のうごうはくさん》と向かい合っている。高度的には東の白山に近い山々より少し落ちるが、そのおおらかな広がりはどっしりとボリュームのある山である。

山中ではブナの林床に漢方薬として使われるオウレンが作られており、林道がかなり上まで延びている。でも歩いていてもそんなに気になる道ではなかった。登山口は林道の途中にある無人雨量観測所だが、ここまで荒れた道なので心配しながら車を走らせた。

登山口で林道が三つに分岐しており、駐車スペースが作られていた。真ん中の林道を少し歩くと細い登山道と変わる。道沿いは実になったオウレンとサンカヨウの花でいっぱいだった。

以後、何度も林道を横切りながら高度を上げて行き、林道終点から美しいブナ林に入った。手入れされているのだろう、実に明るい林で、下では実になっていたオウレンだが、ここではまだ花も多かった。ブナ林の道を登りいったん下ってから再び登りにかかると、湿地があってミズバショウが咲いていた。ちょうど咲き始めたところで、花が一番綺麗な時であった。

ここから頂上まで、まだまだ緩やかな登りが続いている。僅かだが残雪も見られたが、この年は異常に雪が少ない冬だったようで、頂上で出会った登山者に聞くと、いつもはもっと雪が残っているということだった。頂上の伐り開かれた広場も乾いていて雪もなく、かすむ青空に白山が浮かんでいた。

●極上ポイント

何と言ってもブナ林とその林床に広がるオウレン畑だろう。まさに作られたブナ林という感じである。それと花だ。平家平《へいけだいら》は一面のオウレンとサンカヨウ、谷を横切る付近の登山道にはキクザキイチゲやピンクのミヤマカタバミ、そして山上の湿地にミズバショウが見られた。終始明るい道なので、花の可憐さがよく映えた。そして最後は目の前に白山の連なる頂上の展望である。

●コースメモ

参考タイム／登山口（1時間20分）林道終点（1時間15分）姥ヶ岳（50分）林道終点（50分）登山口

2.5万図／宝慶寺・冠山・能郷白山・中竜鉱山

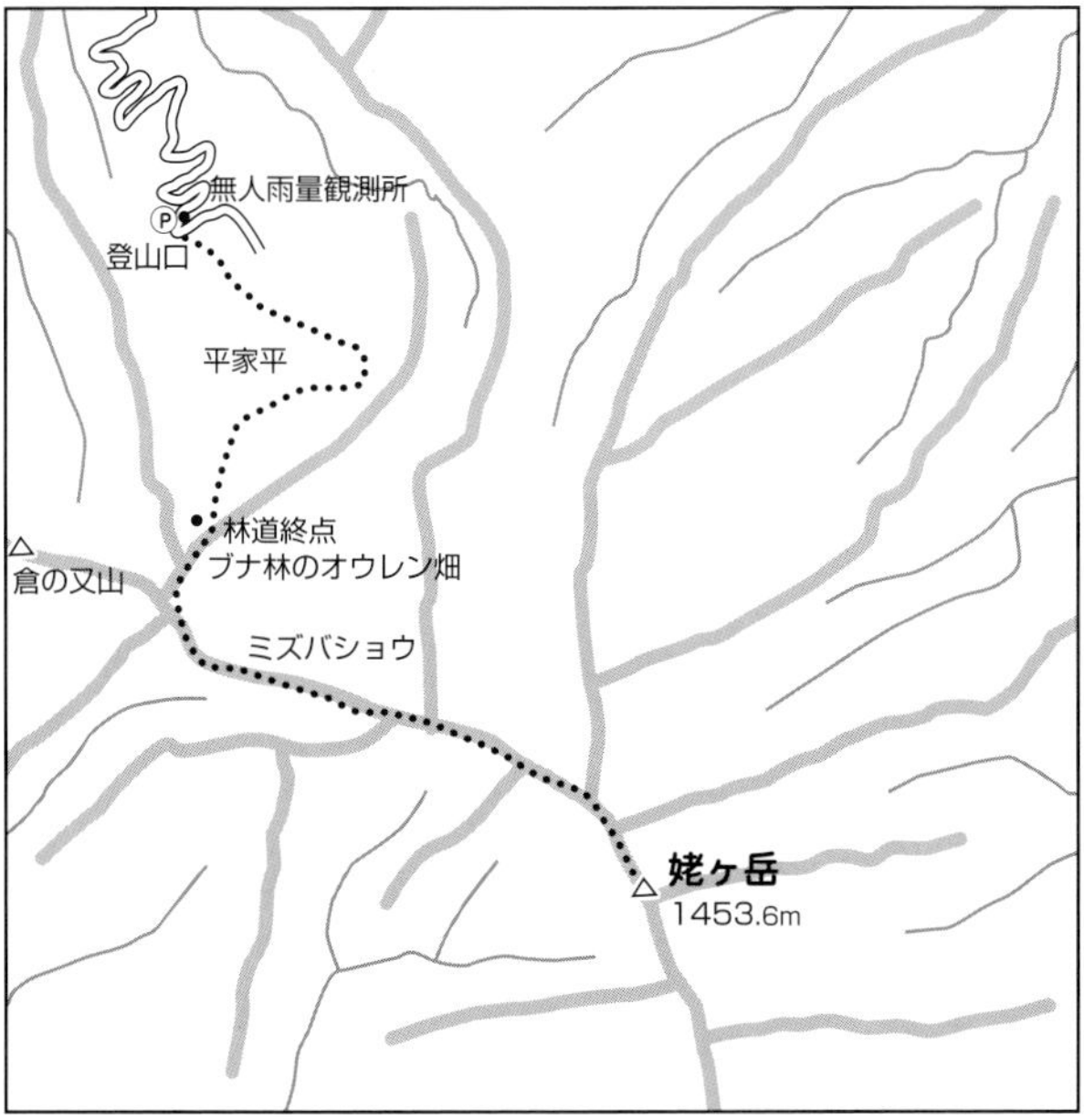

右頁／登山口付近のブナ林。林床にはオウレンがいっぱい
左頁右／途中小さな流れを横切るところもあり変化にとんだコースだ。こんなところには多くの花が咲いていた
左頁左／オウレン畑のブナ林は手入れされているのだろう。とにかく美しい

白い一撃

美女と魔女が棲む山

往きに急な雪の斜面だったので躊躇したところだった。先頭のTさんが慎重に横断をし始めたところ、頭上にひっかかっていた雪のブロックが突如落下して白い雪煙を上げた。たたき落とされたのではないかと思ったが、何とか木にしがみついていた。

直ぐに後を追いトップを代わってこの斜面を急いで渡っているところへ、二発目が2個同時に落ちてきて、前後して歩いていた二人に又も直撃した。砕け散った雪が襲いかかったが、幸いにも木にしがみついて耐えた。

Tさんに声をかけるが「……」。

雪のブロックを二回もくらった恐ろしさで声が出なかったようだ。

ブナの美女に出会ってうかれていたら、最後に雪の魔女に強烈な一撃を食わされた。

右／標高 1500 m位まで登ると針葉樹林となり雪が現れる
左／小雨に煙りしっとりとしたブナ林は何とも落ち着きのある雰囲気。しかも美人ブナばかりだ

飛騨の山／三方岩岳

●コース案内

白山スーパー林道料金所の前に車を置いて登り始めた。ウワミズザクラの咲く道を登って行くが、雨が降り出し気分が沈んできたうえに、意外と道が悪くてとまどった。ほとんどの人はスーパー林道の開通後に蓮如台《れんにょだい》駐車場からか、稜線下の三方岩《さんぼういわ》駐車場まで車で上がって往復するのだろう。三方岩駐車場から頂上まで一時間たらず。これならただ頂上を踏んだ数を数えるだけの山登りである。

蓮如台も開通前なので静かだった。雨の様子見でお茶を湧かして休んでから、歩き始めたが、付近の見事なブナ林を見ながら歩くのでなかなか歩が進まなかった。大きなブナは登るにつれダケカンバや針葉樹の林に移って行く。やがて尾根はゆったりと広がる斜面となって、一面の残雪に覆われるところも出てきた。しかしそれも尾根が狭くなると消える。

最後、道は稜線の飛騨岩の下をトラバースしてから稜線に上がる。結構急な残雪の斜面なので巻こうかと思ったが、薮がひどいので雪面を横切った。稜線に出て飛騨岩へと歩いてから頂上で昼食にしたが、どんよりとガスがかかり眺望はなくガッカリの頂上だった。

下りも同じ道なので飛騨岩下のトラバースが気になった。雪の斜面をTさんが先に横断し始めたところで大きな音とともに、上に引っかかっていた雪のブロックが落下し、瞬間にバラバラになって雪煙のように降り掛かってきた。Tさんは大丈夫なようだ。すぐ先頭を変わり急いで横断しようとしたところへ、またもや2個のブロックがちょうど私とTさんの上に落下。木にしがみついてことなきを得たが、眼鏡が飛んでいった。何とか安全地帯まで逃げたところでひと息ついたが気分は上ずったまま。車まで戻ってからやっと落ち着いたのだが、肩が痛くて手が上がらなくなっていた。当たった瞬間そんなに猛烈な衝撃はなかったように思ったのだが、記憶もとんでいったのだろうか。

●極上ポイント

ブナ林の雰囲気がすごくいい山だった。小雨模様のしっとりとした緑の道は、美人ブナ揃い。特に登山道がスーパー林道と出合う蓮如台付近は見事なブナが並んでいる。

●コースメモ

参考タイム／スーパー林道馬狩料金所（1時間45分）蓮如台（2時間10分）三方岩岳（2時間50分）スーパー林道馬狩料金所

2.5万図／鳩谷・中宮温泉

右頁右／頂上稜線はごつごつとした岩場が続く。こんな稜線の下に引っかかっていた雪のブロックが落ちてきたのだった
右頁左／麓の馬刈の大窪沼ではミズバショウが見られる
左頁上／堂々とした根張りのブナ。スーパー林道の蓮如台付近のブナ林は素晴らしい
左頁下／林床にはブナの新芽がいっぱい

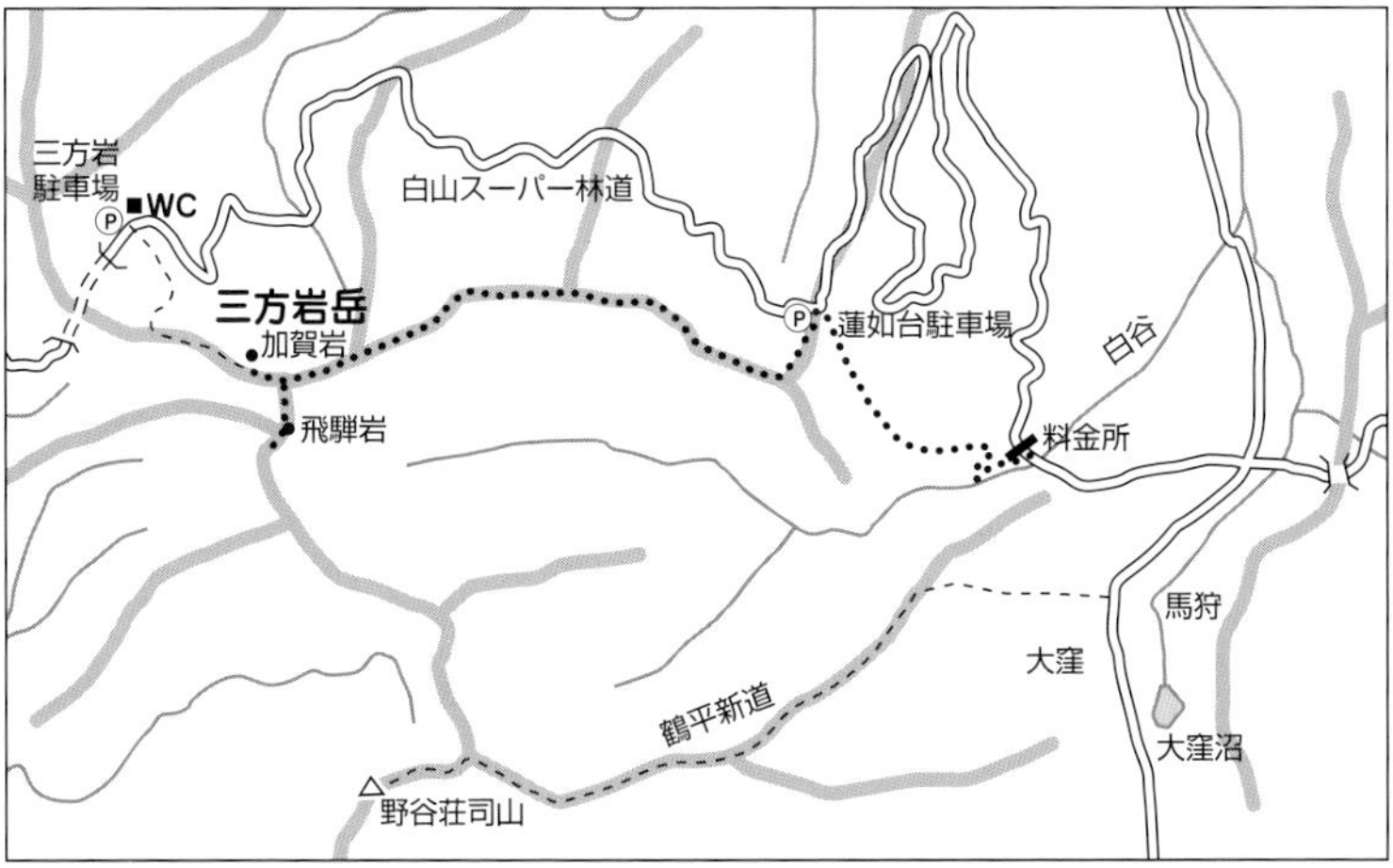

森の一夜、静謐の刻《とき》

千丈平とかくし水

ピーンと頭の上に電球の光が灯った。そう、昔の漫画によくあった、閃いた時に電球が点くあの絵である。

大峰の登山地図を見ていて、「千丈平《せんじょうだいら》」、「かくし水」、「キャンプ適地」の文字が目に入った時のことだ。「ここだ！ここだ！」とばかりに、もう矢も楯もたまらず行きたくなった。大峰の山にはあまりなじみがないので、まず一夜を山で過ごしてみたかったのだ。

テントを張ってから大日岳へと向かい、行場のくさり場を登った。深仙《しんぜん》の宿《しゅく》から巻き道を通って千丈平の森に戻ると、差し込んだ夕照が、足元のバイケイソウと水たまりを眩しく煌めかせていた。

光が落ち森は夜の帳に包まれた。この静寂と闇を味わいたくてここに来たのだ。

上／釈迦ヶ岳直下に開けた千丈平のテント地
左上／大峰、台高の大きな眺望が開けた釈迦ヶ岳頂上には、釈迦如来像が祀られている
左下／仏性ヶ岳・弥山へと続く稜線縦走路から見た釈迦ヶ岳の均整のとれた美しい姿

右／千丈平のかくし水。美しい森の中にある水場でテント地のすぐ近く
中／大日岳頂上への行場に架けられたくさり。末端にある金属の札には細工人の名前を刻んだ文字が読める
左／深仙の宿への稜線の道に咲くシロヤシオの古木

大峰山脈／釈迦ヶ岳・大日岳・仏性ヶ岳

●コース案内

大峰山系は岩峰峨々たる天険の要害を突き出し、豪快に谷が切れ込む独自の風景を作り出している。とても二〇〇〇mを切る山とは思えないスケールを持っている。

釈迦ヶ岳は山系南部の雄峰で、見事に均整のとれた秀峰が目を引き、頂上からは重畳と連なる山々の広がりが眺められる。

トウヒやシラベの原生林、ブナやイタヤカエデ、シロヤシオなどの自然林との調和が美しく、春にはオオミネコザクラ、コイワカガミなどの可憐な花々が咲き、多彩な自然を展開している。さらには修験道《しゅげんどう》の道場として、山系を縦断する大峰奥駈道《おくがけみち》を今なお修験者が駆け巡り、歴史の足跡を深く刻んでいる。どこを切り取っても第一級の風格が感じられる山である。

釈迦ヶ岳には前鬼《ぜんき》からのコースもあるが、旭ノ川太尾《あさひのかわふとお》登山口からのコースは、距離が短くて道もしっかり踏まれており登りやすいコースとなっている。古田の森あたりから美しい樹林帯と草原が混じり、広闊で明るい尾根にトレールが延びている。頂上稜線まで登ると、突兀たる岩場あり、針葉樹の林ありで、大日岳から仏性ヶ岳《ぶっしょうがたけ》間を歩いてトレッキングを楽しんだ。

夕暮れの森の深い色合い、朝早い大気の肌触り、色、匂い、音、空気は、やはり自然の中で一夜を過ごしてこそであった。たった二日間であったが、奥行きのある大峰をより強く感じられた。

千丈平のほか、深仙《しんぜん》の宿《しゅく》に小屋がありテントも張れる。

●極上ポイント

このコースは登山者は多いが、千丈平でテントを張る人は少ない。ここは自然林の中にバイケイソウの草原が開け、かくし水という水場もある、本当に気持ちのいいところだ。歳とともに重荷が辛くなってきたので、縦走よりも、こんなところにテントを置いて、軽い荷物でゆっくりと歩き回ることが多くなったが、そんなスタイルには理想的なところだ。

●コースメモ

参考タイム／［1日目］旭ノ川太尾登山口（2時間）千丈平（20分）釈迦ヶ岳（40分）深仙の宿（30分）大日岳（1時間）千丈平［2日目］千丈平（2時間20分）仏性ヶ岳（1時間40分）千丈平（1時間30分）旭ノ川太尾登山口

2.5万図／釈迦ヶ岳・辻堂

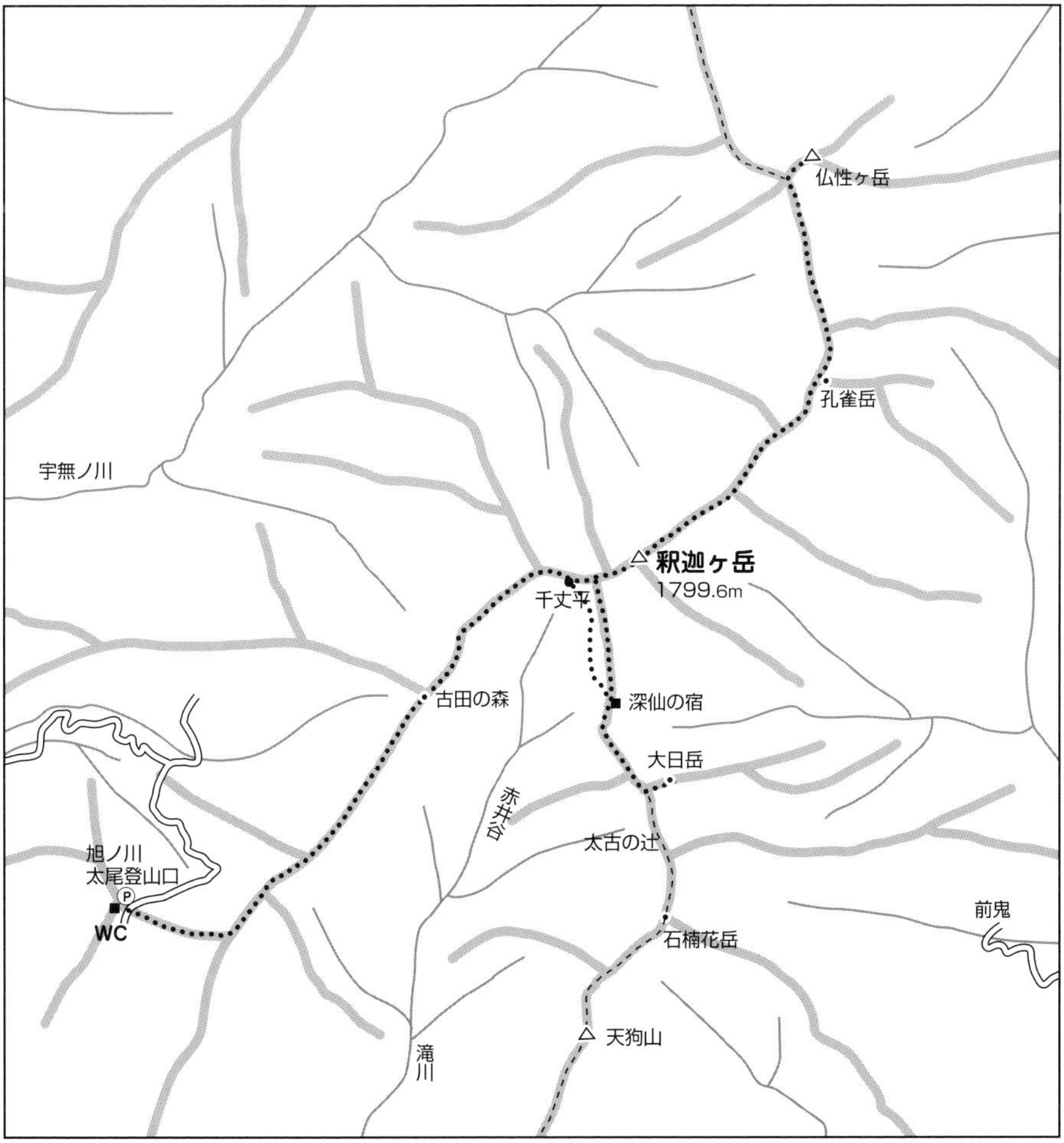

仏性ヶ岳
孔雀岳
宇無ノ川
釈迦ヶ岳
1799.6m
千丈平
古田の森
深仙の宿
大日岳
赤井谷
太古の辻
旭ノ川
太尾登山口
P
WC
前鬼
石楠花岳
天狗山
滝川

左頁上／うさぎ平の下のブナ林には残雪があった
左頁下／見事に花をつけたツバメオモト。ブナ帯の花では最も好きな花だ

ブナの森に迷う

良さが分かったまっとうな登山道

ブナの根元にはツバメオモトが可憐に咲いていた。山の花では一番好きな花である。

やがてブナの林床に雪を残すようになった。萌えだした鮮やかなブナの緑と雪との取り合わせ、春山の美しい風景のひとつである。ここで道をはずれブナ林の中に入って写真を撮り始めると夢中になった。撮り終えてから元に戻るのも面倒と、そのまま笹薮の中を直進した。そのうちまた道に出るだろうとたかをくくっていたのだが、これが間違いの元。

どれくらい薮の中をうろうろしただろうか。くぐってもくぐっても道に出ず、遂に今夜のこと明日のことを考え始めた。こうなれば薮が辛くても高いところを目指すしかないと歩き始めたとたん、登山道に出た。

ここはうさぎ平。もうそこが頂上だった。

右／山頂直下の避難小屋の横にある赤池
左／ブナ林帯になると林床にはツバメオモトの花が咲く

奥越の山／赤兎山

●コース案内

赤兎山《あかうさぎ》は白山に連なる前衛峰のひとつで、緩やかに広がる頂上付近の山稜には湿原がある。ニッコウキスゲの群落が有名だが、それだけではなく、春から初夏にかけて次々と花が咲き乱れる。

登山道は北側の小原峠と、南側からの鳩ヶ湯《はとがゆ》道の2コースあるが、短時間で登れる小原峠からの登山者がほとんどのようだ。一方の鳩ヶ湯道の方は昔から歩かれてきた味わいのある道だった。この道は本来山仕事をしてきた人たちの道だったようで、山中には現在も上打波《かみうちなみ》の人によって、ワサビやオウレンが栽培されている。最近の登山道のように山頂へと一直線に登るコースではなく、谷の山腹を辿り、流れを渡ってゆっくりと高みへと登ってゆく道は、山の自然を深く感じ取れる道であった。最近の登山者には距離の長さや増水による徒渉のリスクなどが、敬遠される理由のようだ。

タンドウ谷沿いの林道から登山道に入り、杉林から広い谷の山腹道を進んで流れを渡った。山腹道が続いたが、この途中にワサビとオウレンが作られており、木漏れ日にワサビの葉の緑がみずみずしく輝いていた。

奥の塚峠から急登をがまんして尾根に出るとブナ林の中に入る。次々と出合うツバメオモトのさまざまな表情を楽しみながら登ると兎平《うさぎだいら》に出て、頂上の山稜が頭上に広がる。

ひと登りで頂上だ。三角点から湿原への道はミツバオウレンで埋まっていた。

●極上ポイント

ブナ林と花が美しい山だった。山の花ではブナ林に咲くツバメオモトが最も好きな花だが、登山道には他にも多くの花が咲いていた。北陸の山にはオウレンがよく見られるが、この山でもワサビとともに栽培されている。雪解けとともに咲く可憐な花だ。頂上付近はこの仲間のミツバオウレンでいっぱいだった。またブナの緑の中に残る雪が良かった。近畿の低山ではブナが芽生える頃には林床の雪も融けているが、さすが豪雪の山。ブナの新緑と残雪の取り合わせが素敵な山だった。

●コースメモ

参考タイム／鳩ヶ湯（35分）林道登山口（1時間）タンドウ谷渡渉点（45分）奥ノ塚峠（1時間15分）兎平（30分）赤兎山（10分）赤兎山避難小屋（15分）赤兎山（2時間50分）鳩ヶ湯

2.5万図／願経寺山

左頁右／雪の残るブナ林の背後高く、白山の山並みが続いていた
左頁左／オウレン畑やワサビ田が登山道横に作られている

右頁右／山頂稜線にはミツバオウレンが群生
右頁左／タンドウ谷の徒渉点。増水時は注意したいところだ

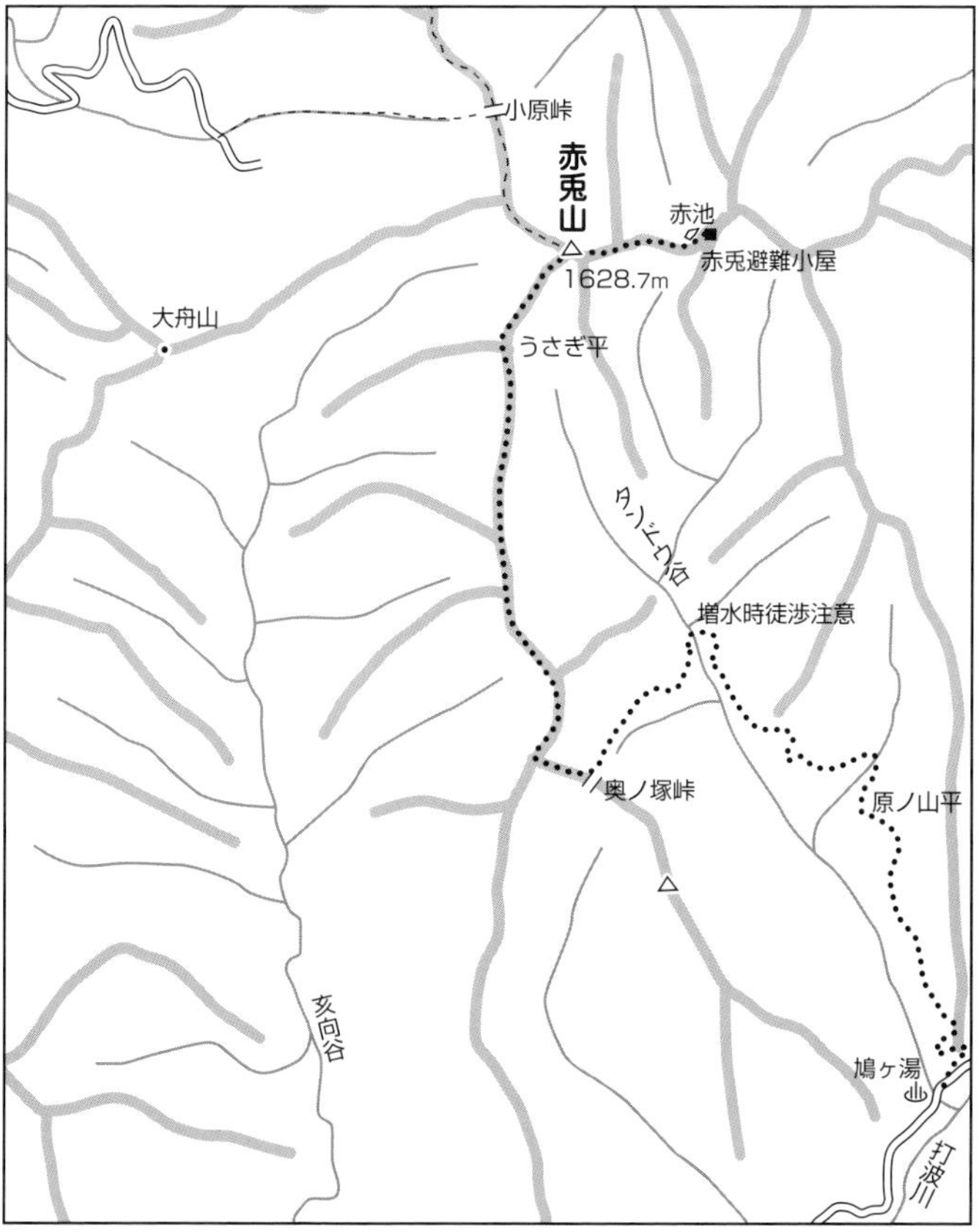

いい山との出会い

変化にとんだ台高山脈第一級のコース

よっ、男前。桧塚《ひのきづか》はこんな声を掛けたくなる洗練された山だった。一四〇〇mほどだが、それ以上の大きさと風格を感じた。

奥山谷、明神平《みょうじんだいら》、そして桧塚までの稜線を巡って一周する日帰りコース。どこを切り取ってもその風景は一流の男の佇まいである。

えっオトコ？　なぜ男なのかと問われても、何となくそう感じただけだ。とりあえずいい山だということは間違いがない。

低山といっても少しの違いで風景は大きく変わる。紀伊半島の山、美濃や飛騨の山、北陸の山、琵琶湖周辺の山、大きい目で見ればほんの僅か位置が違うだけであるが、同じ地域、同程度の高さであっても、それぞれにまったく違う顔を持っている。山はほんとうに面白いものだと思う。

右頁上／桧塚のサラサドウダン。初夏はツツジ科の花が見事
右頁下／奥深い雰囲気の奥山谷
左頁上右／桧塚から木屋谷川へと下るマナコ谷コースの尾根
左頁上左／桧塚奥峰から見た桧塚のピーク
左頁下／明神平の美しいブナ林

右頁右／桧塚奥峰付近は疎林に笹原が広がり、初夏はシロヤシオの花が美しい
右頁左／奥山谷を詰め上がるとブナ林を抜け広大な笹原の明神平に出る

台高山脈／明神平・桧塚

●コース案内

台高《だいこう》山脈の主脈から東へ三重県側に延びた支稜上に、三角点のある桧塚ともう一峰、約二〇m高い桧塚奥峰の二峰が並んでいる。桧塚一帯は笹原が広がって見事な眺望が開け、初夏はシロヤシオなどのツツジ科の花が多い。桧塚だけに登る登山者が多いが、奥山谷から明神平、桧塚へと一日で周回できるコースがとれるので、距離は長くなるが奥行きのある周回コースをぜひ歩いてほしい。素晴らしいコースである。

千秋《せんしゅう》林道が右へと大きくカーブする万台橋《まんだいばし》手前から谷に沿った登山道に入る。道は奥山谷出合まで山腹に続いているが、アップダウンが結構あった。自然林の美しい奥山谷は比較的歩く人も少なく荒れ気味だ。流れを詰め上がると緩やかに広がる源流状となり、大きなブナが並ぶ林の中に入る。ブナの木々と苔むした倒木の間を抜け笹原に変わると、空が大きく広がる明神平へと出る。明るく気持ちのいい原で、多くの登山者とすれ違った。

南へ笹原に立つイタヤカエデの間を縫い、大きな斜面を前山へと登ると分岐となり、左に明神岳へと向かう。明神岳は目立たないピークで、ここから左へと振るように下る。尾根は広く緩やかで、美しい樹林の間の道が続き、やがて笹原の登りとなって桧塚奥峰に着いた。桧塚と向かい合う大きな展望が広がる清々しい山頂だ。斜面には白い花を付けたシロヤシオが散らばっていた。下ったところが登山口へのマナコ谷分岐だが、桧塚へと往復する。桧塚は静かでいい頂上だった。

分岐から台高北部の展望を眺めながらの笹原の下り。急な道が続き植林地に入って何度も林道を横切って登山口に着いた。

●極上ポイント

木屋谷《こやだに》川の奥山谷から明神平、桧塚へと続く一日コースは、バランスのとれた変化のあるコースである。しっとりとした自然林の谷からブナの森、そして笹原のゆったりと広がるたわみから明るい笹の尾根。この組み合わせが男前たる所以である。ドライな感じのする桧塚周辺はシロヤシオやドウダンツツジが多い。

●コースメモ

参考タイム／木屋谷川千秋林道登山口（1時間）奥山谷出合（1時間30分）明神平（30分）明神岳（1時間10分）桧塚奥峰（15分）桧塚（1時間30分）千秋林道登山口

2.5万図／大豆生・七日市

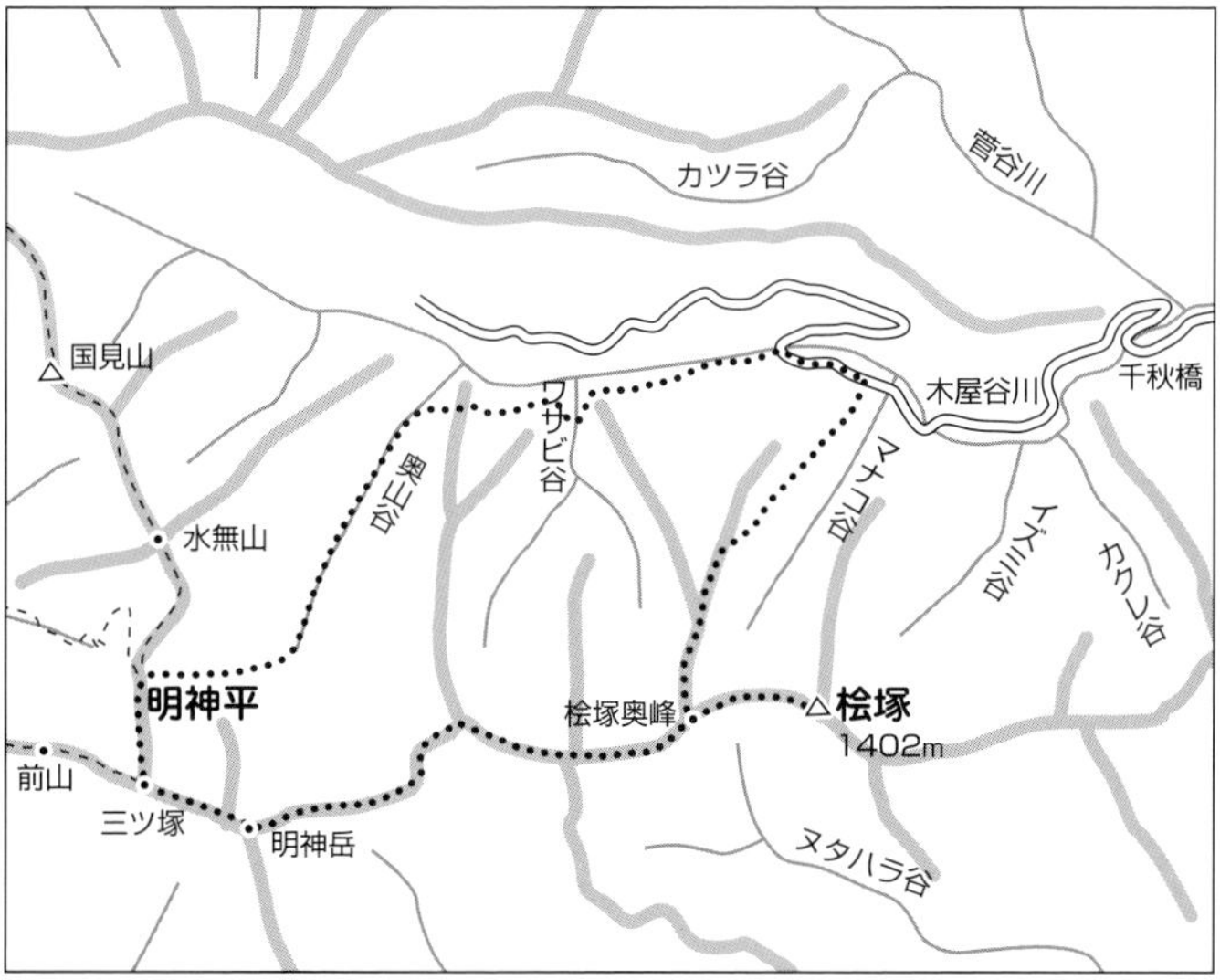
カツラ谷
菅谷川
国見山
木屋谷川
千秋橋
ワサビ谷
奥山谷
マナコ谷
水無山
イズミ谷
カクレ谷
明神平
桧塚奥峰
桧塚
1402m
前山
三ツ塚
明神岳
ヌタハラ谷

夏はやっぱり沢登り

びわ湖の大河。野洲川の谷を遡る

谷への気持ちも体もすっかり錆び付いていたが、光と影が揺れ動く水紋に足を踏み入れた瞬間、一瞬ゾクッとした。水の冷気ばかりでなく、沢登りへの眠りから少しばかり目覚めたゾクッだったのかも知れない。

流れは滝を落とし、トロとなって水をため、岩を穿《うが》ってひとまたぎ出来るゴルジュを作り出していた。腕を突っ張り足を広げては、喜々として乗り越えてゆく。こんな水とのたわむれは、暑い夏の愉楽のひとときだ。

小さな滝の上の木陰に腰を下ろして、大きく開けた緑の谷を眺めた。もうひと息で生まれたばかりの一滴と出合えるのだ。

水が長い年月をかけて作り出した美しい造形の数々に、目は愉しみ、体は悦んで時を忘れた一日だった。

右頁上／大滝は右側のバンドを伝って、落ち口の右を乗り越える
右頁下／白い花崗岩の谷は水の反射が美しい
左頁／元越谷のゴルジュの核心部。明るくて楽しい谷だ

０８３　鈴鹿の山／元越谷

右頁右／稜線を下山路となる水沢峠に向かうと形の良い水沢岳が見えている
左頁右／ゴルジュ帯の中でも最も狭いところ
左頁左／元越谷の始まりは小さな滝や釜が続く

鈴鹿の山／元越谷

●コース案内

鈴鹿山系から琵琶湖に流れ込む野洲川《やすがわ》の支流のひとつである元越《もとこし》谷は、鎌ケ岳の南の水《すい》沢《ざわ》峠に突き上げている。花崗岩の谷で鈴鹿では美渓として知られており、一五m滝がひとつ目立つ程度だが、淵、ゴルジュ、小滝が連続する明るい谷で、どの支流に入っても難しいところはない。何度か歩いたがいつも仏谷《ほとけだに》を詰め上げている。

元越谷には林道が入っており、適当なところまで林道を歩いて谷に入った。夏の強い光が水面に差し込み、光と影が揺れ動く水紋に足を踏み入れた瞬間、冷気が体に走る。まだ朝の空気は爽やかで、碧ゆらめく淵に入り膝上まで水がくると、ヒヤァーという声が出て、反射的に陽が当たる岩の上に逃げた。

大滝は古代ローマのコロセウムのような岩に囲まれた中央に落ち込んでいる。大滝には左上するバンドがあり落ち口に導いてくれた。落ち口の乗越しは一瞬躊躇してしまったが、ホールドをさぐり思い切って体を押し上げて滝の上に顔を出すと、瞬間、緑鮮やかな谷の風景が広がった。滝の上に立つとゆっくりと緊張がほどけてゆく、この感覚が心地よかった。

流れは小さな滝を落としたり、トロやゴルジュを作り出したりと、次々と目先を変えてくる。どこから越えようか、どちらをへつったらいいかと目が流れを追いかけるが、体は自然に対応してくれた。

仏谷に入ってもしばらくは変化が続き、随分楽しませてくれた。しかし谷はやがて静かな流れとなって、興奮もこの穏やかな流れとともに収まった。稜線へと上がると、じんわりと満足感がこみ上げてくるのが分かった。

●極上ポイント

野洲川源流の元越谷は楽しい谷である。花崗岩という点では隣の愛知川の谷と同じで雰囲気も良く似ている。ゴルジュやトロや釜などの仕掛けも同じ、谷を歩く楽しさも同じだが、愛知川ほどの明るさは感じない。目玉はコロセウムのようにぐるりと岩に囲まれた中に落ちる大滝と、ひとまたぎできるほどのゴルジュである。次は何が出てくるのだろうかとワクワクさせてくれる谷である。

●コースメモ

参考タイム／元越谷・猪足谷分岐（3時間）仏谷峠（1時間15分）水沢峠（1時間40分）元越谷・猪足谷分岐
2.5万図／伊船

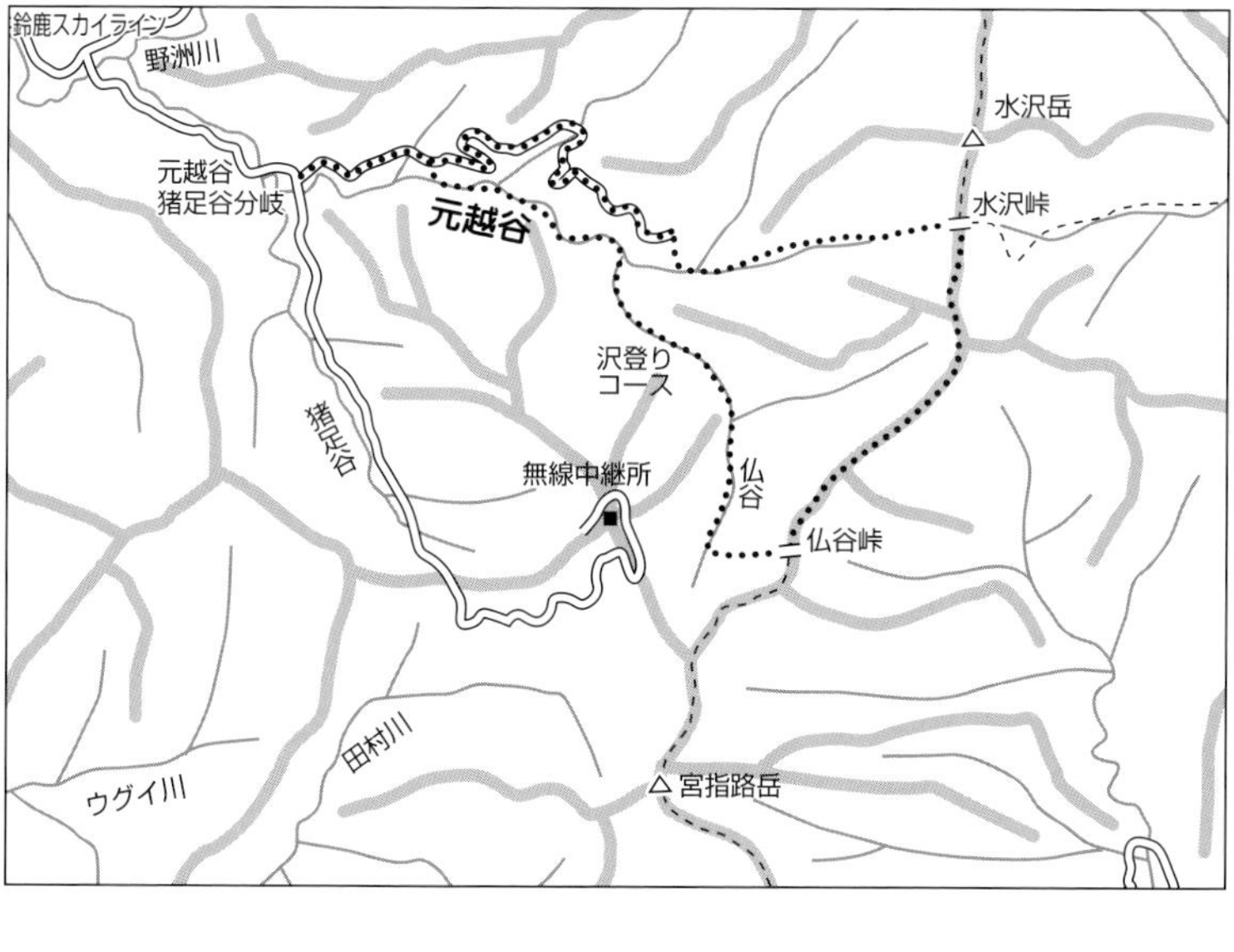
鈴鹿スカイライン
野洲川
水沢岳
元越谷
猪足谷分岐
元越谷
水沢峠
沢登り
コース
猪足谷
無線中継所
仏谷
仏谷峠
田村川
ウグイ川
宮指路岳

ブナが終わると花

白山本峰となりの静かな山

市ノ瀬《いちのせ》の駐車場には車があふれていた。これだけの登山者が来ているのに、白山釈迦《はくさんしゃか》岳で出会った人は十人にもならなかった。

白山釈迦岳。ブナ林は美しく、花が多かった。本峰前衛の二〇〇〇m前後の山というのは魅力にあふれている。何よりもこんなに静かだということがうれしかった。

四十年ほどの昔、静かな山々に入れ込んだ。毛勝《けかつ》、笈《おいずる》、大笠《おおがさ》などと血が騒いだ頃が懐かしい。しかし今ではそんな気持ちが甦っても、キツい山はつらい。体と噛み合うこともなく思いだけが空回りとなるのがおちだろう。

夏の強い光を和らげてくれたブナ林を抜けるとダケカンバ帯となりやがて風が吹き抜ける草原が広がっていた。汚れた雪が残り、次々と花と出会った。

右頁上／白山本峰の大きい眺望が開けた
右頁下／登り始めると美しいブナの林が続く
左頁／ブナ、ダケカンバが終わると笹原となり白山釈迦岳のピークが見えてくる

4	3	2	1
8	7	6	5

1／サンカヨウ　2／ミヤマカラマツ　3／ヨツバシオガマ
4／キヌガサソウ　5／オトギリソウ　6／マイヅルソウ
7／コバイケイソウ　8／ササユリ

右頁右／越前禅定道は林道に出たところで右へと続く
左頁右／登山道はほとんど人に出会わなかった
左頁左／白山釈迦ヶ岳のピーク。釈迦までの日帰りは結構きつい

白山／白山釈迦岳

●コース案内

白山山系は本峰の白山に登る人は多いが、本峰周辺の衛星峰に登る人は少ない。中宮道、岩間道、楽々新道、加賀禅定《ぜんじょう》道などコースは多いのだが、避難小屋ばかりで営業小屋がほとんどないのと、日帰りとなると結構しんどい山が多いせいだろう。白山釈迦岳は人とほとんど出会わなかった。市ノ瀬には多くの登山者が押し寄せているのにこの静けさは意外で、何かもうけものをしたような気がした。

登山道は下部で車道を歩かなければいけない。暑い季節なのでそれがいやだったが、できるだけ早く出発したので、かんかん照りの日だったにもかかわらず快調に歩けた。林道の途中で右に観光新道へとつながる越前禅定道を分けるが、いつも別当出合までバスで行くので、一度はこんな古道も歩いてみたいものだと思う。林道の登山口に着くとマウンテンバイクが置かれてあった。そうだこんな手もあったのだ。

最初は立派なブナが並ぶ道だが、次第にダケカンバやオオシラビソとなり笹の道へと移って行き、周囲の眺望が開けてくる。雪渓も見えいよいよ夏山らしい風景となり、釈迦岳前峰に着く。深く切れた谷の上に大汝峰や御前峰の大きな展望が開ける。ここから三角点付近まで多くの花が見られるところである。好きなキヌガサソウの花とも会うことができた。三角点は薮の中のようなので敬遠して引き返した。多くの花とブナ林、日帰りだったが心に残る山だった。

●極上ポイント

秋に登る人が多くて夏は比較的登山者も少ないというが、次々と出合う花には満足した。花は六月中旬から七月中旬頃までが見頃となる。釈迦岳付近で引き返したが、湯の谷乗越あたりまで足をのばせれば、もっと多くの花と出合えたようだ。しかし日帰りでは結構きつい登りである。下部のブナ林も立派で見応えがあった。

白山釈迦岳から下りて市ノ瀬キャンプ場でテントを張って泊まった。登山者が多く駐車場もすごい車の数だが、キャンプ場で泊まる人は思いのほか少なく、気持ちのいいキャンプ場だった。

●コースメモ

参考タイム／市ノ瀬（1時間30分）白山釈迦岳登山口（3時間15分）白山釈迦岳（2時間）白山釈迦岳登山口（1時間）市ノ瀬

2.5万図／白山・加賀市ノ瀬

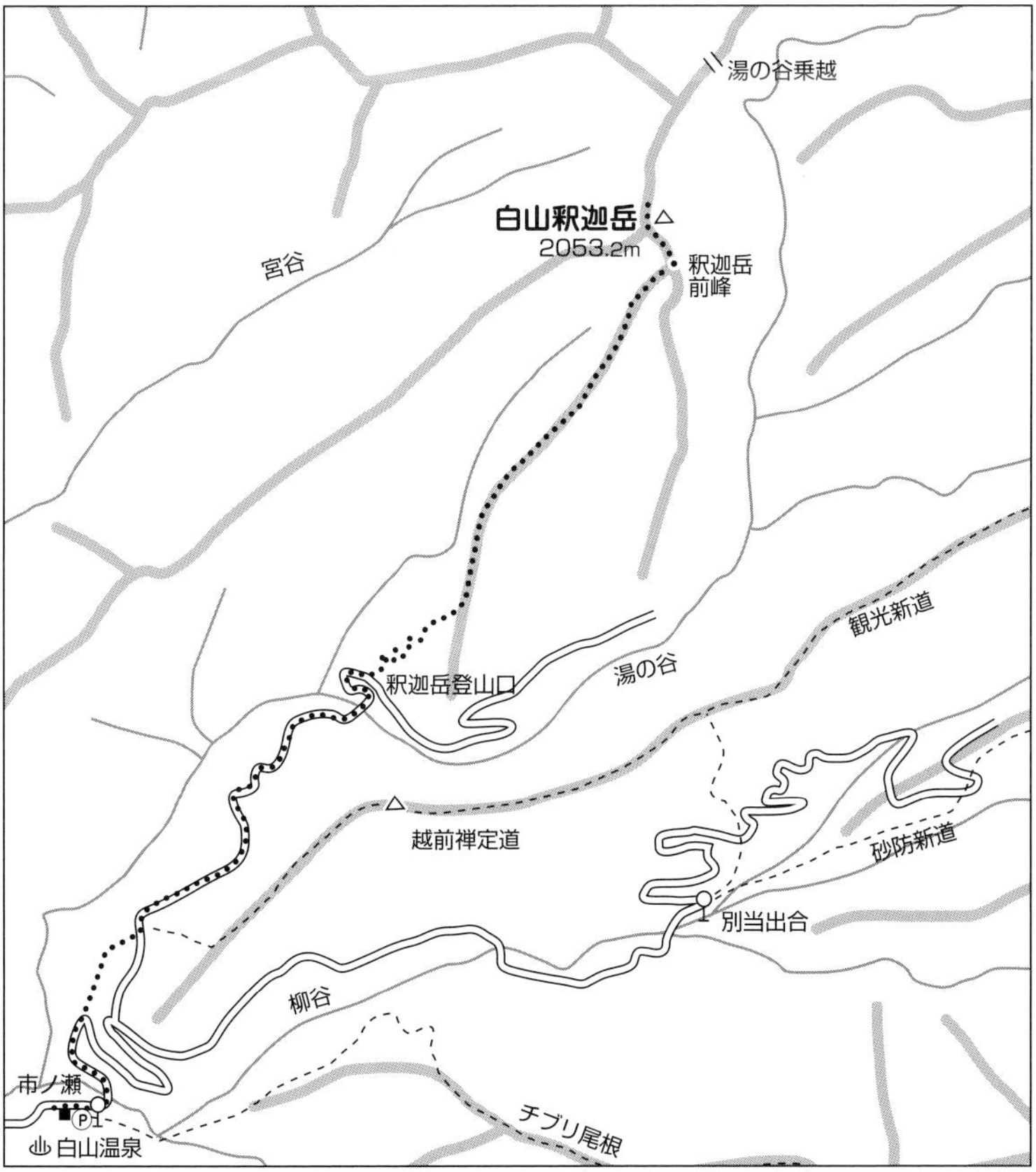
湯の谷乗越
白山釈迦岳
2053.2m
釈迦岳
前峰
宮谷
観光新道
湯の谷
釈迦岳登山口
越前禅定道
砂防新道
別当出合
柳谷
市ノ瀬
白山温泉
チブリ尾根

右／両俣小屋上流の両俣分岐。フライフィッシャーの良き釣り場となっている
左／両俣小屋のテント場。気持ちのいいところだった

南の穴場 両俣小屋

北岳への静寂のコース

両俣《りょうまた》に着いてテント設営の申し込みに小屋に行くと、「村まで行って来ます。14：00頃戻ります。適当に休んでいて下さい。」と書かれたホワイトボードが置かれていた。

登山者が多い小屋と違ってのんびりしたものである。テントを張ってから、何をすることもなく付近をぶらぶら歩いた。明日登る予定の左俣コースは水量が多いと聞いたので、偵察に出かけたらサンダルの片方が流されて、裸足で下るはめとなった。

翌朝、4時半頃テントを出発。小屋で借りたサンダルで何度も流れを渡り、大滝から尾根に取り付いた。急登が続く静かな道で、肩の小屋からの道と合流するまでひとりの人とも出会わずじまい。夏の北岳の登山コースとは信じられない静寂の道であった。

4 3 2 1

両俣小屋付近に咲いていた花
1／コバノイチヤクソウ　2／オトギリソウ
3／タカネビランジ　4／タカネグンナイフウロ

右／両俣小屋への流れに沿った緑の中の明るい道
中／両俣小屋、小屋番の星さん
左／暮れ行く両俣小屋。静かで落ち着きのある小屋だ

下／北岳から間ノ岳の縦走は素晴らしい天気に恵まれ、アルプスの夏山を楽しんだ

南アルプス／北岳・間ノ岳

●コース案内

ずっと昔、お正月に北岳に行ったのだが、強風のため八本歯《はっぽんば》のコルで引き返して以来、それっきりになっていた。三十数年ぶりであった。もう冬に行く元気もないし、夏山でいいのだが、人気がある山だけに人の多いことを考えるとどうも気がすすまなかった。しかしある雑誌で両俣小屋の記事を目にし、地図で左俣コースというのがあるのに気がつくと、すぐ行きたくなった。両俣小屋から北岳往復の日帰り計画だ。結構きついだろうなと思いながらも、心は両俣にとんでいた。

両俣のテント場は心地よかった。自分のテントだけと思っていたら、仙丈から下りてきた人がテントを張った。小屋の星さんから水量が多いと聞いたので偵察に行ったら、片方のサンダルが流されて、裸足で帰るはめに。

午前4時30分に出発。尾根へと取り付く大滝まで七〜八回徒渉があるので、小屋でサンダルを借りていった。水量は大丈夫だったが、尾根の登りは半端でなくきつかった。しかし荷物も軽く、四時間あまりで念願の頂上に到着。このまま同じコースを戻る予定でいたが、この急な下りとなる道がいやになったので、間ノ岳、三峰《みぶ》岳から仙塩《せんえん》尾根を歩いて、ぐるりと一周して帰ることにした。

素晴らしい晴天、荷物も軽いので間ノ岳あたりまでは心地よい縦走だったが、さすがに長い。野呂川越に着いてもうこの下だと思うと、とたんに足が進まなくなった。

●極上ポイント

両俣小屋は登山者にとってはそんなに便利な場所にある小屋ではない。ここで三泊したが、夏の最盛期にもかかわらず宿泊客は三日間とも一桁か十人ちょっとだった。それも釣り人を入れてである。北アルプスの小屋などとは比べようがない。でもこの谷間は何といいところなのだろうか。ぶらぶら歩いて、深い針葉樹の林の中を散歩したり、花を見たり、谷を遡ってみたりと、全然退屈しなかった。もともと北岳へのルートとしてこの両俣に来たのだが、実際この左股コースから北岳へと登ってみると、何と肩の小屋からのコースと合流する頂上直下まで、一人の人とも出会うことがない静寂のコースであった。

●コースメモ

参考タイム／両俣小屋（4時間30分）北岳（2時間30分）間ノ岳（40分）三峰岳（2時間）野呂川越（40分）両俣小屋

2.5万図／仙丈岳・鳳凰山・間ノ岳

右頁右／両俣付近の針葉樹林
右頁左／北岳稜線のお花畑
左頁右／左俣コースから見た朝の間ノ岳
左頁左／左俣コースの途中にある左俣の大滝。ここから尾根へと取り付く

上／ナツツバキが落ちていた。まだきれいな花だった
下／ブナ清水への道横にあった炭焼き窯跡

ブナ清水　ゴクリ

ちょっとはずれてかくれ道

朝明から根の平峠の道を登り、峠の手前で左に入った。ブナ清水への道は最近では道標まで立てられている。

少し歩くと炭焼き窯の跡に出合う。なるほどいいところだ。緩やかに広がる谷をさらに遡って行くとちょろちょろとした流れの中に、今落ちたかのような綺麗な花が散らばっていた。ナツツバキだった。たっぷりと汗をかいたので、流れにたまる白い花を眺めながら、ひと息入れていると涼しくなった。

大きなブナの木々も目につく。もうこの流れが湧き出してくるところと出合うはずだ。さらに小さくなった水流を追うと、右上に大きな岩があり、水が湧き出ていた。

ブナ清水を手ですくってゴクリ。ああ、おいしい。

右／ブナ清水の近くのブナ。谷はほとんど下生えもなくすっきりしている
左／大岩の下から湧きだすブナ清水。尾根の樹林の緑が鮮やかだった

鈴鹿の山／国見岳

●コース案内

御在所《ございしょ》山と釈迦ヶ岳に挟まれた国見岳。地味だが味のある山である。御在所山はすっかりと観光地化され山上は公園になってしまったが、すぐ隣のこの山は随所に鈴鹿らしさが残っている。四方八方から道が登っている観があり、どこから登っても楽しめるが、ひっそりと歩かれていたブナ清水のコースも、最近では道標まで立てられて人気のコースとなっているようだ。しかしメインコースである裏道は二〇〇八年の集中豪雨での土石流で渓相がすっかり変わってしまったし、国見尾根への登路も荒れてしまった。湯の山、朝明周辺の登山道も、荒れたり新登山道ができたりと変化が見られるので、朝明駐車場に車を停めると、概略図にコースが入れられた登山マップが手渡された。それにはブナ清水のコースも入れられていた。

朝明から根の平峠への道を登る。この道も集中豪雨の被害があり、少し道が付け替えられていた。峠の直下にブナ清水への道標があり、ここで左へ谷に沿った道を登って行く。昔から歩かれていた道なのだろう。登って行くと炭焼きの窯跡に出合った。明るい二次林の中の穏やかな流れ、道はあるが自由気ままに歩けるようなところだ。登るにつれブナの木も出てくる。谷が広やかな源流状のところになると、右の大岩の下から流れが湧きだしている。ゆっくりしたくなるところである。清水を味わってひと息いれた。

このすぐ上で尾根に出て、踏み跡を辿って行くと風越峠《かぜこし》、腰越峠《こしごえ》からの主尾根に合流する。いい尾根だ。ヌタ場があり春はシロヤシオが美しいところである。あとは県境尾根の青岳《あおだけ》に出て国見岳に登るのもよし、根《ね》の平《ひら》峠に戻るのもよし。

●極上ポイント

ブナ清水は県境稜線の青岳付近の三重県側斜面にある大岩の下から流れ出る。湧水というより谷の源流といった感じだ。鈴鹿の天然水である。炭焼きが盛んだった鈴鹿ではブナの林は少ないが、ここはブナの混じる美しい林を作り出している。この周辺の、風越峠からハライド、青岳へと至るコブ尾根全体が、こんな雰囲気を持ったところである。

●コースメモ

参考タイム／朝明駐車場（1時間）ブナ清水分岐（40分）ブナ清水（1時間40分）国見岳（1時間）根の平峠（50分）朝明駐車場

2.5万図／御在所山

右頁右／奇妙な形のキノコ岩。本当に不思議な造形だ
右頁左／国見岳からの国見尾根。無数のトンボが飛びまわっていた
左頁上／県境稜線直下のヌタ場
左頁下／ヌタ場付近にあるブナに道標がつけられていた

上段右上・下／鳩谷八幡神社のどぶろく祭
上段左／大白川白水ダムの露天風呂
下段／天生渓谷のカツラの巨木

紅葉、祭り そして温泉

中高年に超人気の山

合掌《がっしょう》造りで有名な白川村のすぐ上の籾糠《もみぬか》山は、中高年登山者には人気の山である。頂上まで手軽な距離で、湿原あり、美しいブナ林あり、花の渓谷ありと見所満載。

春の新緑と花は素晴らしかったが、秋の彩りも並ではない。頂上まで樹林に包まれているので、湿原、ブナ、ダケカンバそして針葉樹の紅、黄、茶、緑、……。その色彩ばかりでなく、目に入ってくる山全体が豊かなのだ。

山を下りて闇に包まれると、鳩谷《はとがや》八幡神社で笛の音や太鼓の響き、その音に引き込まれるように境内に入って行くと、獅子舞が舞われていた。夜店をうろうろしていると時代が遡っていく懐かしさ。何だろうかこの感覚は。

車中泊で明けた翌朝は大白川の露天の朝風呂へと直行だ。

右／天生湿原南端のピーク。
左／天生湿原から下った天生渓谷の入り口。湿地状の谷が広がっている

飛騨の山／籾糠山

●コース案内

天生《あもう》峠は飛騨北部、合掌造り集落として有名な白川村と河合村との境にあり、峠から飛騨の匠《たくみ》伝説が伝わる天生湿原や原生林の渓谷、湿原を有するブナの尾根を登り詰め、籾糠山に達する。籾糠山は標高一三〇〇mの天生峠まで車で上がれるため、豊かな自然をゆっくりと楽しむことができる。山頂からの北アルプスの展望も楽しめる山である。

天生峠は泉鏡花の『高野聖《こうやひじり》』に描かれた峠で、幻想的な雰囲気を期待していたが、広い駐車場が整備され車が次々と上がってきていた。秋は最も賑やかになる季節だ。

谷沿いに登ると枯れ草色の湿原に出た。半周して下ったところが天生渓谷と木平《こだいら》湿原への尾根道との分岐点、ぐるりと周回できるので、どちらをとってもいい。谷道はトチやカツラの原生林で紅葉も盛りだった。三〇分あまり登ったところで木平湿原からのコースと合流する。この先で右の急な尾根道を登ると、オオシラビソなどの針葉樹の林へと変わる。変化のあるコースである。もう頂上も近い、最後に急斜面をひと登りすると頂上だった。

山頂からは大きな展望が開けるが、この時期はすぐ下に見える木平湿原の彩りが素敵だったので、帰りは木平湿原へのコースを選んだ。分岐まで戻り、巻くように尾根を登ると湿原に出る。何とも神秘的で背後にはダケカンバの巨樹が連なっていた。湿原が終わるとブナの森だ。ブナを透過する光の無限の色合いをこころゆくまで楽しみながら下った。

●極上ポイント

天生峠まで車で上がれるので、籾糠山まで2時間あまりの行程である。物足りないかも知れないが、見るところが多くて時間が余ることはない。湿原、渓谷、ぶな林とどこの紅葉も見事。紅葉の秋もいいが、春もまたいい。いろいろな地形にコースが通っているので、とにかく花が豊富である。秋は白川村のどぶろく祭りに合わせて訪れると見所満載。さらにはマイカーなら、大白川まで足を伸ばして「白水湖畔ロッジ」に泊まって露天風呂を楽しめば一〇〇点満点の登山プランであろう。

●コースメモ

参考タイム／天生峠（30分）天生湿原（30分）天生渓谷・木平湿原分岐（35分）天生渓谷・木平湿原合流点（30分）籾糠山（25分）天生渓谷・木平湿原合流点（30分）木平湿原（25分）天生渓谷・木平湿原分岐（45分）

2.5万図／鳩谷・平瀬

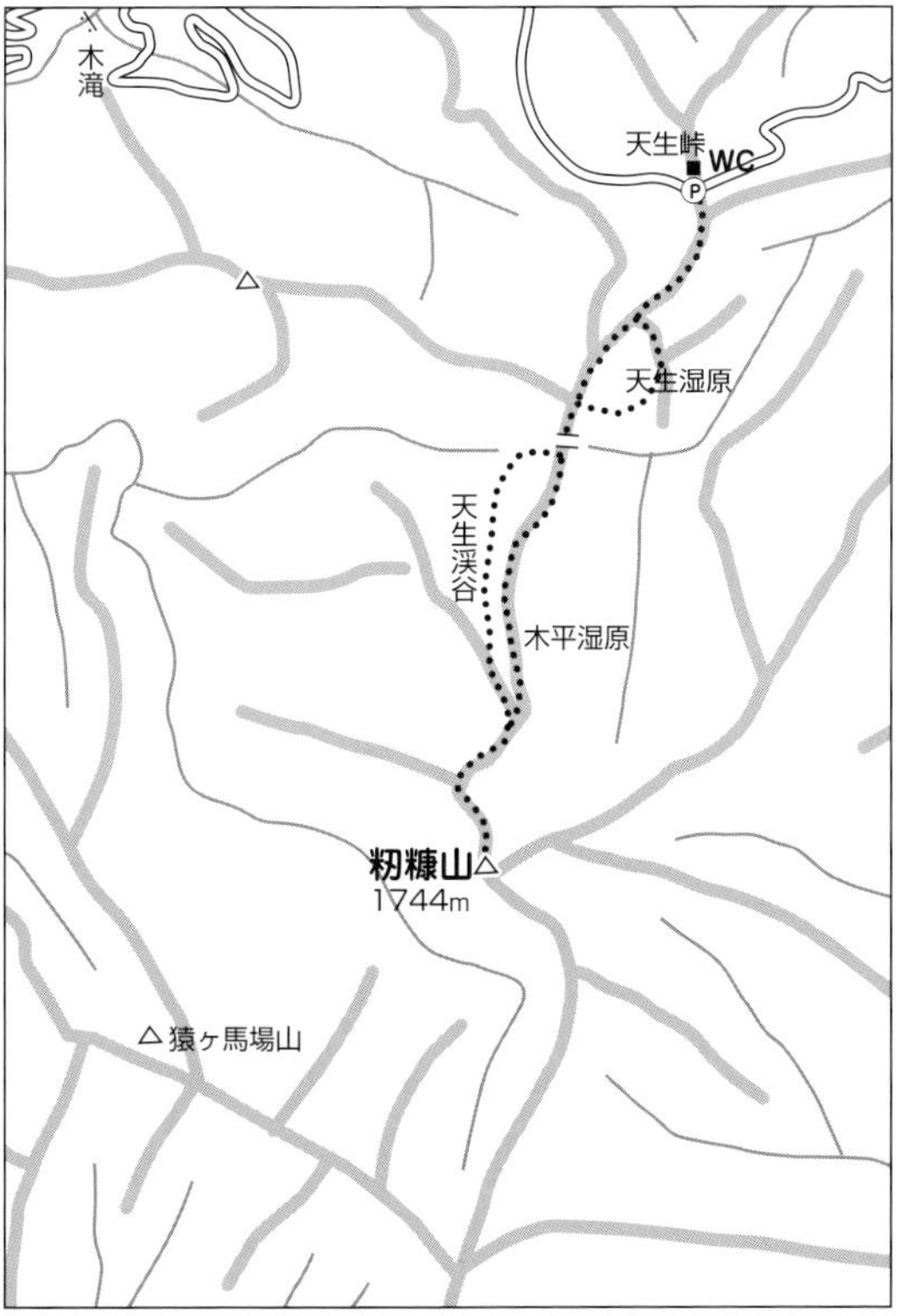

右頁／尾根上にある木平湿原
左頁上／木平湿原のダケカンバの巨樹
左頁下／展望台から見た見た合掌造りの集落、白川村

上段上／金山で出合った素晴らしい錦繍の秋
上段下／金山からの火打山。目の覚めるようなナナカマドの彩り
下段／登り始めは紅葉し始めたブナの巨樹の森

百名山の隣の山

見事なブナと錦繍の山稜、そして温泉

山を下りてお湯に浸かっていると、「登山者があまりに多くて、頂上には五分といられなかった」という話声が聞こえてきた。登った隣の山の雨飾《あまかざり》山のことである。

私たちが登った金山《かなやま》は、出会う人さえまれであった。その差は何かと言うと簡単だ。百名山であるかどうかである。ただそれだけだ。私もずっと昔雨飾山に登っているが、こんなことはなかった。登山中誰にも会わず、泊まった宿の梶山新湯の客も、私ひとりだけだった。

百名山でない金山はいい山だった。笹の緑とナナカマドの紅、ダケカンバの黄が混じり合った錦の綴れの例えようもない美しさ。それとブナ林の見事さと超弩級のブナの巨樹との出合い。頸城《くびき》の山は印象に残る山だった。

さらにもう一つ、小谷《おたり》温泉の湯が良かった。

左上／金山から天狗原山への下り
左下／天狗原山からの戸隠の山々

右／堂々たる貫禄のブナの巨樹
左／天狗原山からの紅葉した木々の列

頸城の山／天狗原山・金山

●コース案内

金山は火打《ひうち》、妙高《みょうこう》、雨飾、黒姫、戸隠《とがくし》などの名山に囲まれた地味な山だが、山の魅力ではまったくひけを取らない。登山口は古くから知られた小谷温泉。登山後の温泉は彩り豊かな秋山の一日をさらに充実させてくれた。

妙高林道を歩き、大きくヘアピンカーブしたところが登山口だ。温泉から徒歩一時間三〇分の行程で、日帰りの登山では往復の三時間は大きい。朝はできるだけ早く発ちたい。

色づき始めたブナ林の切り返し道を登ると、一時間ほどで平坦な尾根に乗り水場に着く。この先は緩急のある登りが天狗原《てんぐはら》山まで続くが、急な沢状の道やガレ場など足場の悪いところもある。

針葉樹林の登りを抜け、笹原の道となると、焼山や火打山の眺望が開け、天狗原山の頂上に着く。頂上には石仏が祀られていた。そして見渡す斜面は緑の笹原が開け、鮮やかな黄や赤に色づいた木々とのコントラストに目を奪われる。

ここから急な斜面を下り、涸れた沢に下りてから、草原状の山腹道を登り返して、笹に囲まれた金山の頂上に着いた。晴れていた空もどんよりと曇り、目の前に焼山を望む大きく開けた眺望も冴えがなくなった。

下山は同じ道を下った。登山口まで長かったが、山の鮮烈な彩りが歩く辛さを紛らわしてくれたし、その色彩は私たちに豊穣の一日を与えてくれたのだった。

●極上ポイント

百名山の雨飾山や焼山《やけやま》、火打山などの名山に囲まれたエアーポケットのような静かな山。取り付きの尾根はブナにこんもりと包まれ、巨樹揃いの豊かな森が広がっている。山上は笹原の広い稜線が柔らかにうねっている。紅葉期のブナ林の美しさもさることながら、山稜の笹の緑と斜面のダケカンバの黄、ナナカマドの紅の錦の綴れの彩りは見事の一言。そして紅葉の山をさらに盛り上げたのが麓の小谷温泉だった。深田久弥の『日本百名山』に出てくる山田旅館は古くからある湯治場で、三十数年前にも泊まっている。本館は国の有形文化財に指定されており、古いがぴかぴかに磨かれていた。もちろんお湯も最高。

●コースメモ

参考タイム／妙高小谷林道登山口（1時間）水場（2時間40分）天狗原山（40分）金山（3時間10分）妙高小谷林道登山口

2.5万図／雨飾山・妙高山

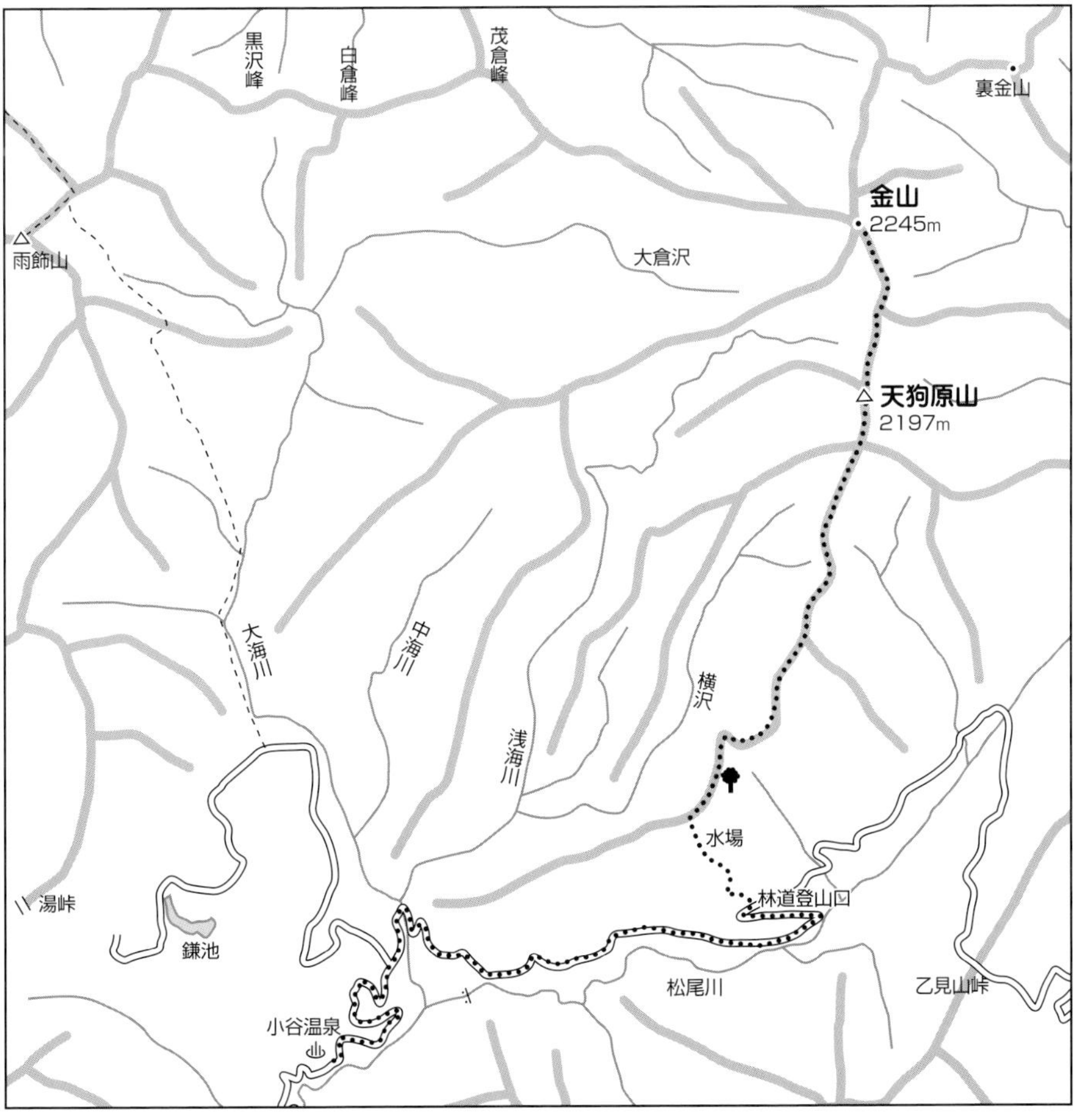
黒沢峰
白倉峰
茂倉峰
裏金山
金山
2245m
雨飾山
大倉沢
天狗原山
2197m
大海川
中海川
浅海川
横沢
水場
林道登山口
湯峠
鎌池
松尾川
乙見山峠
小谷温泉

彩り映える伝説の池

紅葉染まる光のトンネル道

秋の山歩きで一番気持ちがいいのは、頭上を覆うブナ林の光のトンネル道。特に朝と夕の光である。池ノ又谷から夜叉壁《やしゃかべ》を見上げる道を歩いて、そんな思いを強くした。

夜叉ヶ池は何度来ても強い印象を残してくれる山だった。山上に大きく水をたたえる池の存在はもちろんだが、深く切れ込む夜叉壁とそこに落ちる昇竜の滝、延々と連なる奥美濃の山々を見ながら辿る三周《さんしゅう》への山稜、春から夏の豊富な花々。夜叉ヶ池の山は、いつもズッシリと重たいおみやげをいくつも持たせてくれたが、一番素敵だったのは、行き帰りの池ノ又谷ブナ林の光のトンネルであった。

やっぱり色づく木々を通した光が最高だと思っているが、ブナ林に新雪が乗った時の白いトンネルも、きっと素晴らしいことだろう。

右頁上／午後の光のトンネルの中を往く池ノ又谷の道
右頁下／三周ヶ岳の道はアップダウンがあり所々で笹がかぶる
左頁上右／豪快に昇竜の滝を落とす夜叉壁
左頁上左／山上にぽっかりと浮かぶ伝説の池、夜叉ヶ池
左頁下／池ノ谷道から見た午後の夜叉壁

越美《えつみ》国境の山／夜叉ヶ池・三周ヶ岳

●コース案内

夜叉ケ池は福井、岐阜の両県から登山道が上がっている。どちらもいい道だが、私は岐阜県側からの道が好きだ。ブナ林の道が美しく、右に夜叉壁を見上げながら池へと登る岩の急登は迫力があり、斜面いたるところに花が咲いている。

登山道は流れに沿って始まり、やがて尾根へと上がって山腹の道を辿ることになる。緩やかな登りで色づいたブナの樹間を通す朝の光が道を彩り、深い谷を挟む紅葉の上に、空の青がひときわ鮮やかに広がっていた。ブナの大木が続く道を登って行くと、前方高く、朝の陽をいっぱいに浴びた夜叉壁が現れる。森の奥に広がるこの夜叉壁が大きくなると幽幻の滝に出合う。

ここから道は谷を下って流れを渡る。そしてジグザグに登って夜叉壁と向かい合うようになると、昇竜の滝が見えてくる。岩に架かる一筋の滝、まさに山水画の一幅。しかし今日の鮮やかな秋空の下では、西洋の印象派の絵のように見える。次々登ってくる登山者からも歓声が上がる。最後の急登をゆっくりゆっくりと登って夜叉ケ池に出た。豊かに水を湛えた池を見下ろす稜線に立つと、紅葉の斜面が広がり、爽やかな風が吹き抜ける。

三周ヶ岳に往復した。途中、沢登りのパーティとすれ違ったが、彼らからかすかなたき火の匂いを感じると、遠い昔の三周への谷を思い出した。頂上からは前日の淡い雪を乗せた、アルプスの山々の連なりが眺められた。

●極上ポイント

池は岐阜、福井の県境の山上にあり、まさに龍神が棲むような神秘的な池だ。しかし近頃のこの山の人気はその神秘さを吹き飛ばしている。やはり人気の源はそのロケーションの素晴らしさであろうか。池の存在ばかりでなく、山稜から切れ落ちる夜叉壁やそこにかかる滝。こんな風景と出合えば登山者が多いのはうなずける。また森本次男の『樹林の山旅』の中に「人知らぬ谷々」として書かれた三周ヶ岳の存在も大きい。私も三十年程前に根洞谷から三周ヶ岳に登った時に、谷の厳しさに音を上げて尾根に逃げたが、この山々の魅力を大いに感じたものだった。

●コースメモ

参考タイム／池ノ又林道登山口（1時間50分）夜叉ヶ池（1時間10分）三周ヶ岳（50分）夜叉ヶ池（1時間10分）池ノ又林道登山口

2.5万図／広野・美濃川上

右／池ノ谷道を登るとブナの
木々の間から思ったよりも高く
夜叉壁が見えてくる
左／紅葉を映す夜叉ヶ池

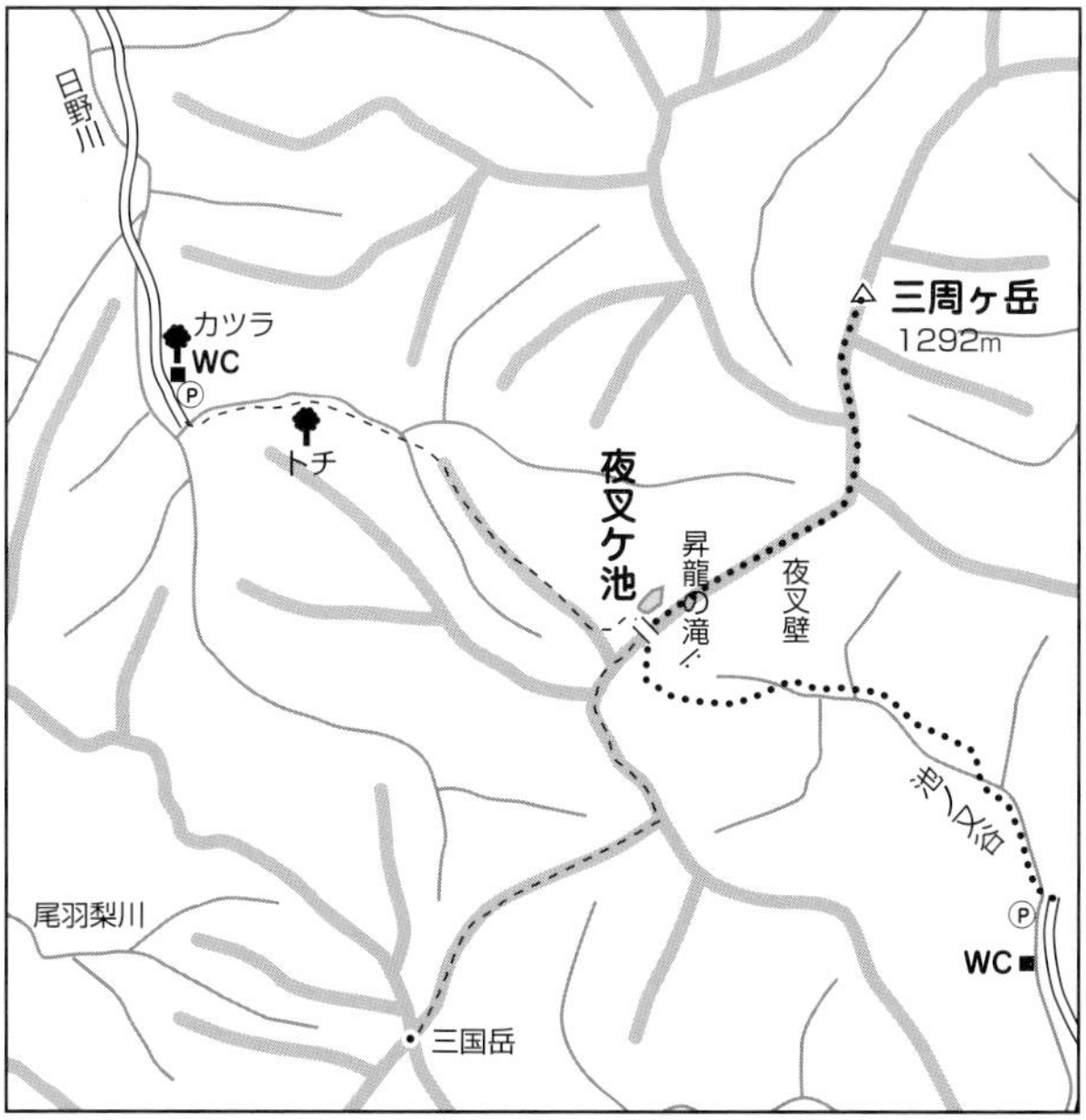

美しき峠道

歴史の道から雨乞い伝説の山頂へ

峠歩きの楽しさは、歩き続けられ磨き込まれた道の、洗練された美を見ることにもある。自然の中のあらゆる要素が組み込まれた峠道は、人が歩かなければとたんに荒れ寂れ輝きを失う。

荒れて道も定かでなく、覆う薮を分けながら進む峠道。締め付けられるような寂しさが漂うが、炭焼きの人たちが窯へと通い、炭を運び下ろした頃はきっと輝いていたことだろう。しかしそんな荒れた峠道にも当時の片鱗を覗かせるようなところと出合うことがある。たいがいは、ジグザグを刻んで峠へと出る部分で、落ち葉に埋もれ掘れ込まれた道型が残されている。峠の落ち葉の上には道標だけが転がり、寂しく方向を示していた。大峠はこんな峠だった。

上／杉峠から雨乞岳へと続く笹原の爽快な道
下／古い道標が転がる大峠。歩く人も昔に比べると少なくなった

左上／何度歩いても心を奪われる杉峠の道
下／紅葉の峠道のブナの林に光が射し込むと、空気まで染めたかのようだった

右上／紅葉燃える杉峠道のブナ
下／長く影を落とす大峠近くの雑木林

鈴鹿の山／杉峠・雨乞岳

●コース案内

雨乞岳は鈴鹿山脈の中央部にトライアングルを形成する御在所山、鎌ヶ岳の中の一峰。鈴鹿の主峰御在所山と愛知川源流を挟んで向かい合っているが、岩峰聳え立つ御在所に対し、ゆったりとした草稜を四方に長く伸ばした山体は雄大で、県境稜線に連なる山々よりは独立峰的な雰囲気がある。

雨乞岳への登山道は武平《ぶへい》峠からが一番多く登られているが、千種《ちぐさ》越の杉峠からの道が変化があって登山コースとして優れている。

千種越は伊勢と近江を結ぶ街道の間道として、中世以降は近江商人の通行に利用されていた。戦国時代には織田信長が杉谷善住坊《ぜんじゅぼう》によって狙撃された道として知られている。昭和の大戦後まで付近の山で鉱石が採掘されたこともあって、多くの人々が山中に住み、その運搬路として峠道を行き交った。

甲津畑《こうずはた》から延びた林道の途中、送電線が横断する付近で右に分かれている細い林道が杉峠への道だ。桜地蔵をすぎ流れを渡ると、林道は終わり山道となる。杉峠まで美しい道が続いて行く。峠に出ると山稜を右に上がる。やがて笹の道となり見晴らしの開けた尾根となり雨乞岳の頂上に着く。頂上にはその名の由来となった池が笹の中に埋まるようにあり、笹の尾根が広がる眺望が素晴らしい。

西へと笹尾根を下って行くとやがて雑木林に入るが、鈴鹿の雑木林の秋はどこまでも明るい。最後は一気に下って大峠に着く。

●極上ポイント

伊勢と近江の国境《くにざかい》をなす鈴鹿には間道として使われた峠道が多い。また炭焼きも盛んだったので、その仕事道としての峠道も無数にあるといっていい。そうした多くの峠道の中でも千種越の杉峠道は群を抜いて美しい。美しさという点では、今もよく歩かれているということも重要だ。磨き続けられた道にこそ美が感じられる。しかしここに取り上げたもう一つの大峠は、杉峠道とは対照的に廃道となっているのが残念だが、道が残った峠付近だけは往時の雰囲気をとどめている。この両峠間にあるのが雨乞岳で、しっとりとした峠道と乾いた笹の山稜との対照も魅力だ。

●コースメモ

参考タイム／林道岩ヶ谷線入り口（50分）林道終点（1時間40分）杉峠（40分）雨乞岳（1時間40分）大峠（30分）ツルベ谷出合（30分）林道岩ヶ谷線入り口（50分）

2.5万図／御在所山・日野東部

右／深いしわを刻む峠道のイヌシデの老樹
左／県境尾根から見上げる雨乞岳の美しい姿

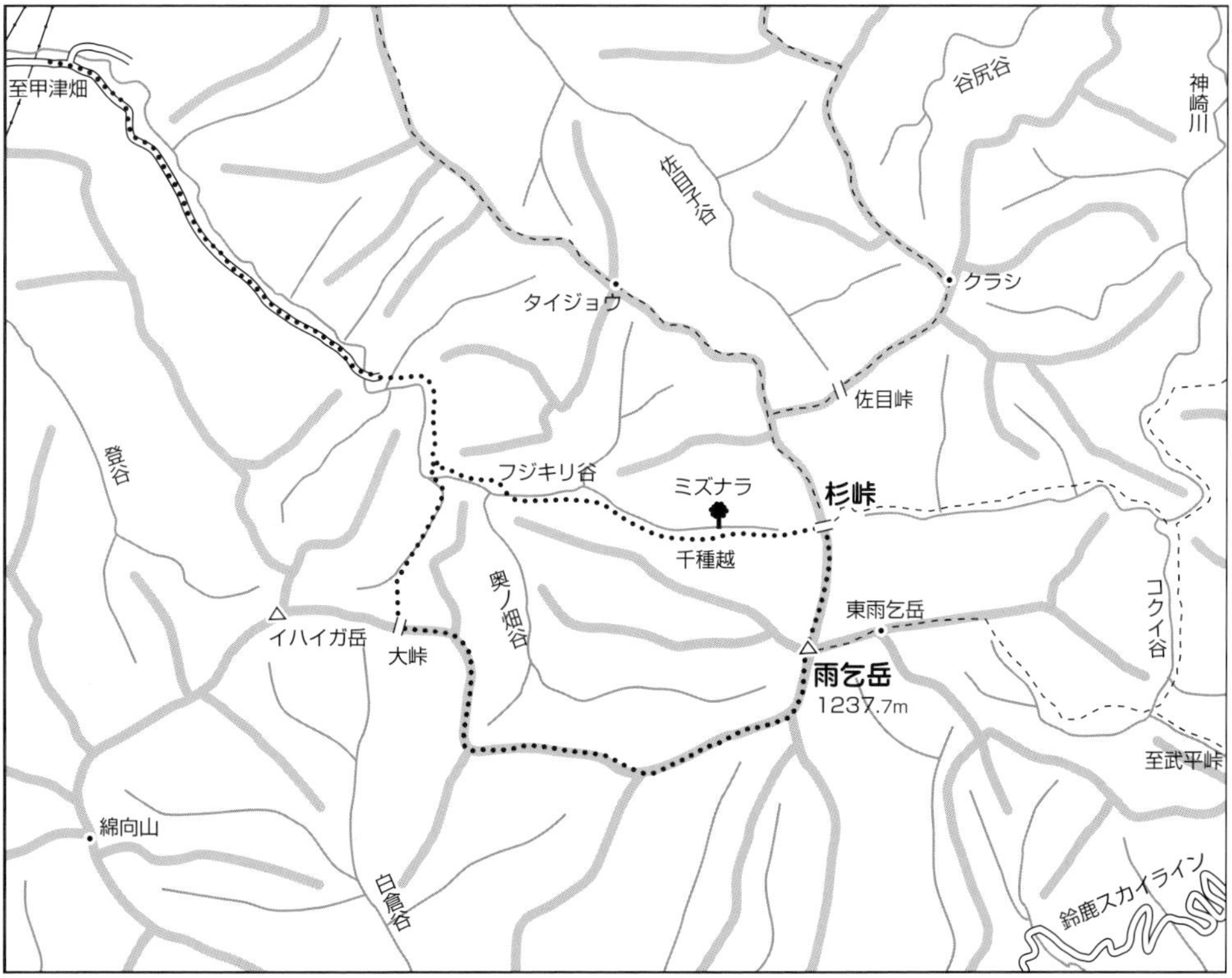

上／心地いい山歩きというものを教えてくれるような道だった
下／石道寺の観音さまに会いたくなってこの山に登りにきた

秋の山●己高山

仏さまに会いにゆく

湖北、観音の里の山登り

湖北には観音さまが祀られているお堂がたくさんある。その多くは無住の小堂で、中でもスーパースターは渡岸寺《どうがんじ》にある国宝の十一面観音立像。本当に美しい観音さまである。

この渡岸寺からもっと山に近づいた石道寺《しゃくどうじ》にも観音さまがお祀りされている。石道《いしみち》のお堂は己高山《こたかみやま》の懐に包まれた絶妙な雰囲気の中にある、静かなお寺である。

己高山に行くのはたいがい石道の観音さまに会いにゆく時である。林道を進み二俣から尾根に取り付いて、切り返す道を登ってゆく。緩やかになると六地蔵がある。石の仏さまに向かい合っているとしばらく動きたくなくなる。そして鶏足寺《けいそくじ》跡。ここも落ち着いた雰囲気。いい山だなあと思う。一応、頂上にも登っておこうか、そんな気分だ。

右／登山道の途中に祀られている六地蔵。石の仏さまは暖かな光を浴びて気持ち良さそうだった
左／どんぐりがたくさん落ちていた。今年は動物たちのお腹をいっぱいにすることができるのだろうか

湖北の山／己高山

●コース案内

己高山は役《えん》の行者、泰澄《たいちょう》、行基《ぎょうき》など、、山岳を遊行する僧が山中に籠り仏教を広めた。その後伝教大師が巡行され、高尾寺で自ら仏像を刻み伽藍を建立して以来、次々と寺院が建立されたという。今から千二百年も前のことで、この地が山岳仏教の聖地として大いに栄え、山頂付近に観音寺（鶏足寺）があり、山中、山麓に高尾寺、石道寺、法華寺、飯福寺《はんぷくじ》などがあった。

石道寺は行基菩薩が堂宇を建てられたが焼失し、後に伝教大師《でんぎょうだいし》が己高山《ここうざん》石道寺として再建したお寺で、現在の石道寺のお堂より谷奥にあったが、以後盛衰を繰り返し、明治に入って仁王門の焼失や山津波による庫裡の流失で廃れ、大正三年に現在地に旧石道寺を改築してお厨子とともに移したという。

己高庵《ここうあん》下の駐車地から林道を進み、杉林の尾根へと取り付く。ジグザグの道を尾根上の平坦地まで登ったところが六地蔵。ここも大昔の寺院跡だったのだろうか。開かれたところに、六体の地蔵様が並んでいる。さらに自然林の中の登りとなって馬・牛止め岩を過ぎて山腹を行く道となり、やがて鶏足寺跡の広く平坦地となった境内に入る。美しい樹林の中で、小さな流れの側にクリンソウが咲く。

頂上はもうすぐ上にあり、展望はよくなかった。南へと稜線を進んで鉄塔の巡視路を西へと下る。高尾寺跡分岐からそのまま尾根道を下ると石道寺のお堂に出合う。畑の間の道を進み駐車地へと戻った。

●極上ポイント

湖北には観音さまをお祀りした小さなお堂がたくさんあり、石道寺もそんなひとつである。石道寺という名前だがお堂があるだけで、背後の己高山と一体になって山ととけ込んでいる。下りてから立ち寄って観音さまのお顔を拝んで帰るのが、私のコースとなっている。井上靖の小説『星と祭』はこの観音様を祀る湖北が舞台となって描かれている。己高山登山道の途中には六地蔵が祀られ、さらに登ると鶏足寺跡がある。山中に多くの寺院があった湖北の山でも、特にこの己高山は落ち着いた雰囲気を持っている。何度でも歩きたくなる山である。

●コースメモ

参考タイム／己高庵（40分）林道登山口（2時間15分）己高山（30分）尾根分岐（1時間30分）石道寺（20分）己高庵

2.5万図／近江川合

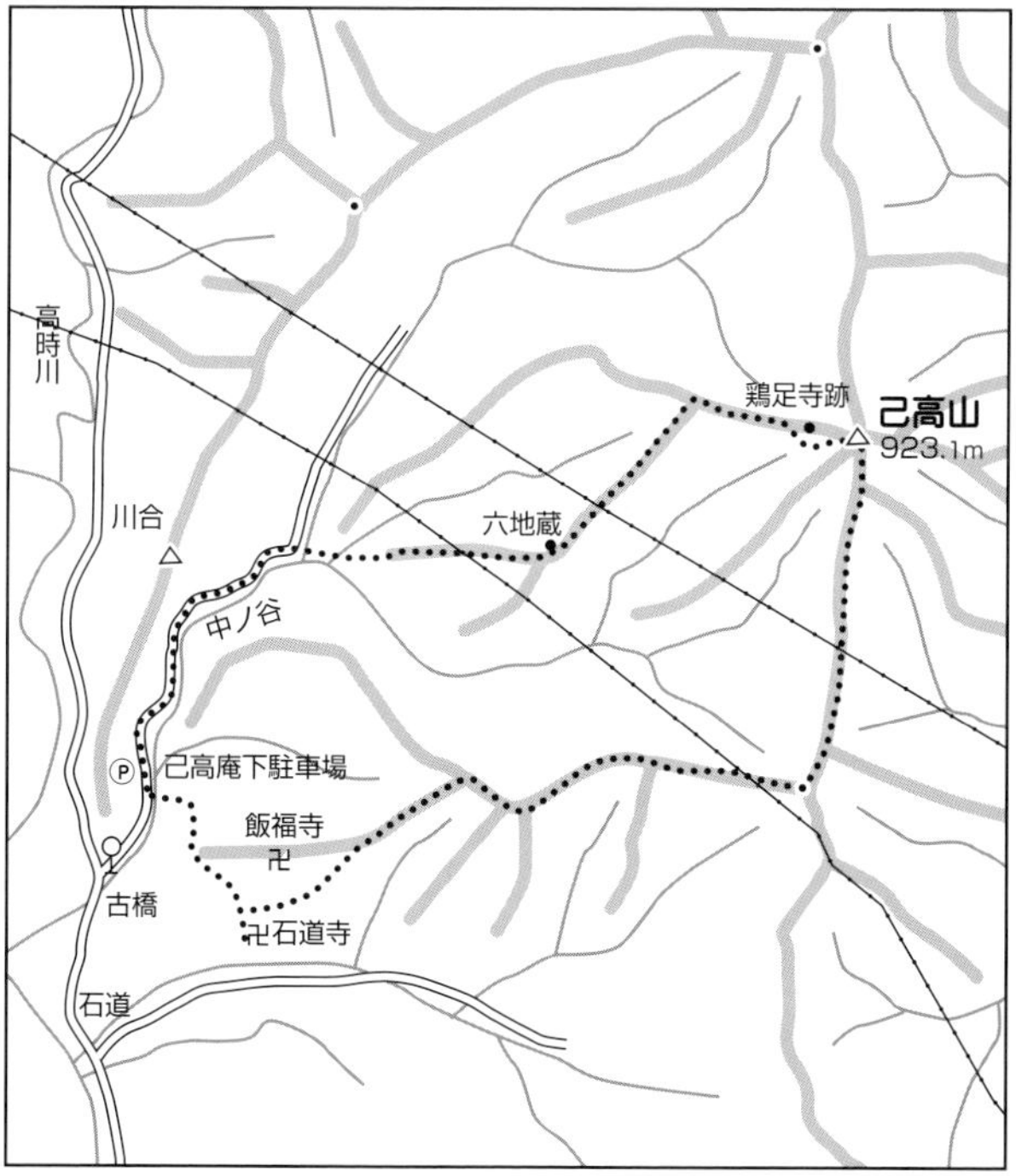

右頁／下山途中から見下ろすびわ湖の風景
左頁右／落ち着いた雰囲気の鶏足寺跡付近
左頁左／ジグザグ道を登り、尾根が落ち着くと六地蔵に出会う

右頁上／苔むしたカレンフェルトが所々で見られる鈴鹿らしい風景
右頁下／粉砂糖をふりかけたような落ち葉の道。陽が差してくると雪はすぐに融け始める

やっぱり白いご飯

鈴鹿の雑木林を歩く快楽

鈴鹿の山が好きだ。高い山があるわけでなく、目をひくような絶景もない。炭焼きが残した雑木の二次林が覆う山々だが、どこを何度歩いても飽きない、白いご飯のような山である。フランス料理、イタリアンに中華。御馳走もいいが、やはり毎日食べてもいいと思うのはご飯。そう、鈴鹿は白いご飯だ。

〝ゴザイショヒカリ〟もあれば〝リョウゼンコマチ〟や〝オイケボレ〟もある。同じような山だがそれぞれに微妙に違う味わいがある。毎日食べていればこそ、その奥深い味わいの違いが分かってくるのだと思う。

毎週のように通った鈴鹿の山、知れば知るほど歩く楽しさが湧いてきた。でも〝違いの分かる男〟への道はまだ遠い。ご飯が美味しいのにやっぱり御馳走も食べたくなるのだ。

左頁右上／登り始めた道は、彩り鮮やかな落ち葉に散り敷かれていた
左頁左上／茶野から見た鈴ヶ岳。見事な円錐形の姿を見せている
左頁右下／鼻歌でも出そうな美しい雑木の二次林
左頁左下／頂上は寒々として寂しかった

鈴ヶ岳
鈴ヶ岳

鈴鹿の山／鈴ヶ岳

●コース案内

鈴鹿の雄峰、御池岳は茫洋と広がる山上台地を長く延ばしている。周りの山から見れば、航空母艦のような形をしている。その台地の先端として切れ込んでいるのがヒルコバで、その先には円錐形の整った山容を持つ鈴ヶ岳を突き上げ、さらに大君ヶ畑《おじがはた》集落まで尾根が延びている。大きい範囲で見れば鈴ヶ岳は御池岳の一ピークともいえるのだが、私には独立した山として捉えられるだけの魅力を感じている。特に大君ヶ畑まで続く尾根は、鈴鹿特有の雰囲気をたたえた、歩く人もまれな静かな山を楽しめるルートとなっている。また、鈴ヶ岳だけなら、鈴北岳《すずきた》から往復するコースもとれる。

国道306号の大君ヶ畑バス停から、国道を鞍掛峠《くらかけ》に向けて少し歩いた右側に、鉄塔巡視路となって山道が上がっている。杉の植林帯の中に続く鉄塔までの道は、巡視路の割には整備されたものではなく、途中で見失ってしまった。

登り着いた尾根には踏み跡が鈴ヶ岳まで続いている。ルートとして問題になるようなところはないが、しっかりと踏まれた登山道ではなかった。カヤトの草地や自然林の明るい登りの中、石灰岩地特有のカレンフェルトが随所に見られた。

草地が広がる茶野《ちゃの》に出ると、樹林越しに丸く突き出た鈴ヶ岳が見える。明るく気持ちのいいピークだった。次のピークを越えて下ったところが鉄塔の立つ桜峠で、ミノガ峠への巡視路が交差している。峠を過ぎると尾根は傾斜が強まり鈴ヶ岳への登りにかかる。雑木林の間を縫って登って行くと、反射板跡地の草地があって、伐り開かれた頂上に着く。

下山はヒルコバから御池谷を下る。涸れ谷で悪場はないが、荒れていて道はほとんどなく、歩きにくい谷だった。

●極上ポイント

炭焼きによって形成された雑木の二次林特有のフォルムは、京都北山の北山杉に見るパターン化されたような美しさを感じる。葉を落とした明るい晩秋や早春の林の中を歩く心地よさは、鈴鹿の山ならではのものであろう。まさに白いご飯の味。

●コースメモ

参考タイム／大君ヶ畑（1時間30分）茶野（1時間）鈴ヶ岳（10分）ヒルコバ（1時間20分）国道306号鞍掛橋（45分）大君ヶ畑

2.5万図／篠立

右頁右／鈴鹿特有の雑木の二次林の中を登って行く
右頁左／ひっそりとしたヒルコバで休んでいると鈴北岳から往復してきた登山者が行き過ぎる
左頁／朝の光が差し込む明るい雑木林。落ち葉の上に軽く乗った雪に足跡をつけてゆく

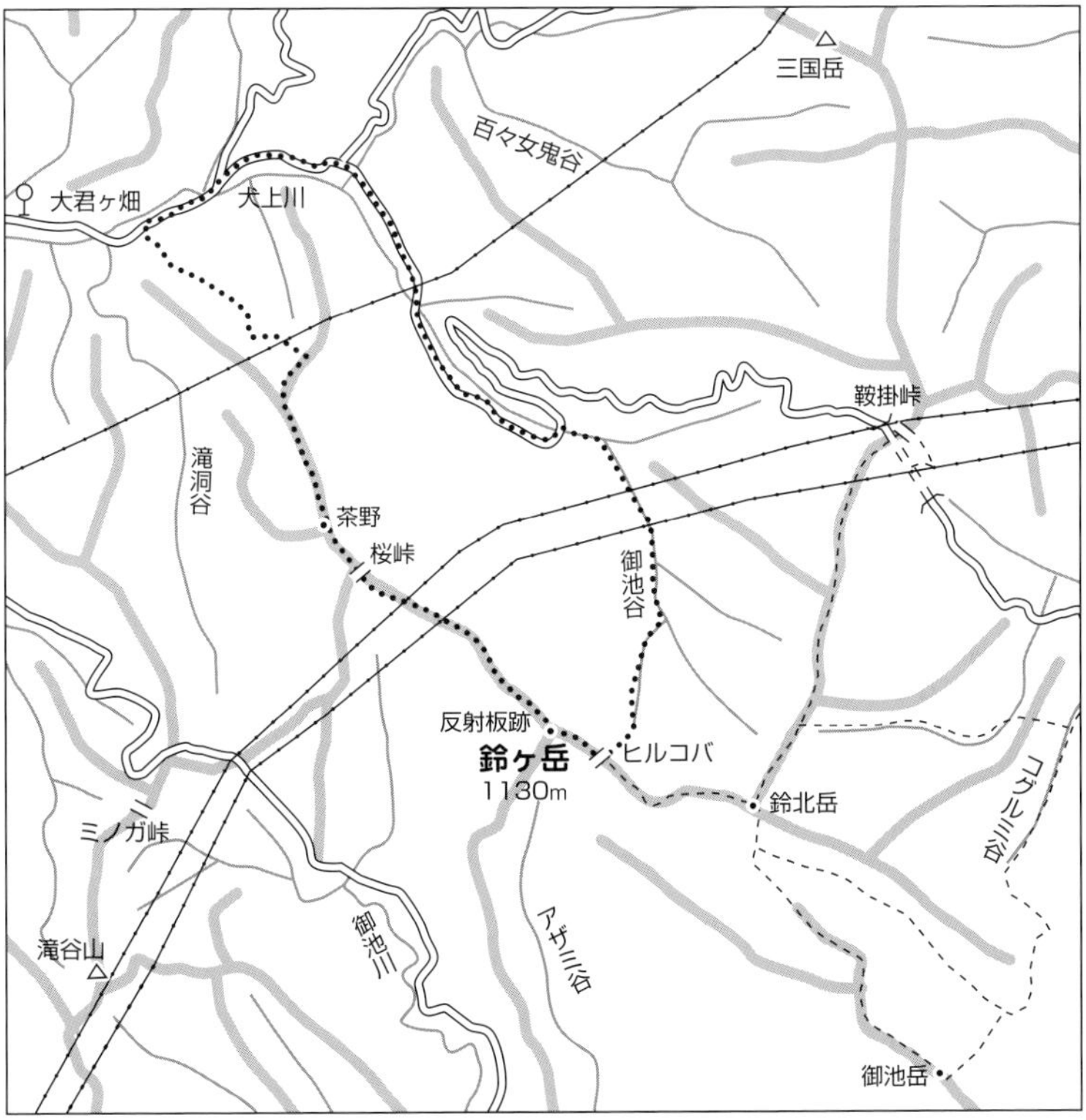

湖面に映す光と陰

湖上ハイクで結ぶ歴史の山

晩秋の朝、寒さに慣れない体は温度以上に寒く感じるが、陽が高く上がってくると、体中にゆるゆるとその温かみが巡ってくる。お日様はホントに有り難く、その温もりは心の中にまで染み込んでくるようだ。

逆光にきらめく湖面は眩しく光り、菅浦の半島とその先に浮かぶ竹生島が、歩いている間中、角度を変えて付いてきた。峠から湖畔に下りての昼食は気分も違った。すぐ背後まで木々が覆う暗い林だが、ここは光がいっぱいの波打ち際。小さく繰り返す波音を聞きながらのランチは気持ち良かった。

ふと振り返ると木々の翳りに埋まるように昔の港跡の石垣が連なっていた。この寂しい風景と、人が賑やかに行き来した在りし日の姿が、遅い秋の光と陰に重なった。

右頁上／木戸港跡へ下りて昼食。カップ麺とコーヒーの粗末な昼食も、この天気、この場所では王様のランチだ
右頁下／賤ヶ岳に近づくとすっきりとした雑木林の道が続くようになる
左頁／賤ヶ岳頂上から北へと下ると、左に琵琶湖、右に余呉湖を見る贅沢な眺望。逆光に輝く神々しいまでの琵琶湖の眺め

123　湖北の山／山本山〜賤ヶ岳

湖北の山／山本山〜賤ヶ岳

●コース案内

琵琶湖を巡る山々には湖《うみ》の辺《べ》の道というトレイルが整備されている。ここ山本山から賤《しず》ヶ岳までの間にもコースが作られており、片方は琵琶湖の眺め、反対側は湖北の平野を挟んで岐阜との県境に連なる山々の眺望が開ける、素晴らしいコースである。もちろん道はしっかりとしており、道標も多くて間違いようもないコースだが、整備がほとんどされていないので、南の方が少し荒れ気味なのが残念なところだ。細く低い山稜なので、途中で下れるところも多く、気軽に歩けるのも有り難い。琵琶湖側にも木戸港跡と有漏《うろ》神社へと下る道があるので、湖畔へ下りてみると歩きにも変化が出るし、休憩などにも絶好のポイントとなることだろう。縦走するとなるとマイカー登山では歩きにくいが、もう一台車を廻すか、自転車を使うなどすれば、縦走も可能となる。

どちらから歩いてもいいが、山本山から登り始めた。車だったので、リフト乗り場の駐車場に車を置いて、積んできた自転車で朝日山神社の山本山登山口まで走った。

山本山頂上は山城の跡で平坦地が開けている。あとは賤ヶ岳までアップダウンがあるが、全体にほぼゆるやかな登りが続く。途中、昭和三十年代まで片山の子供が小学校に通うために歩いていた道や、木戸港跡、有漏神社へと通じるいくつもの峠道が横断している。

磯野山付近から荒れ気味だった道も樹林が美しい広く歩きやすい道と変わってくる。そして最後に賤ヶ岳へと登ると、琵琶湖、余呉湖が両側に開ける圧巻の眺望が待っていた。とにかく楽しい道である。

●極上ポイント

本当に小さな山々の連なりだが、実に楽しい縦走コース。とにかく琵琶湖の眺望が素晴らしい。途中の一番標高の低い峠（標高約一五〇m）から琵琶湖へと、昔、港があったという木戸港跡へと道がある。四〇〇m程歩くと湖畔に下りられるので、ぜひ下りてみてほしい。賤ヶ岳まで上がると山稜から琵琶湖、余呉湖が眺められる大観が広がる。

●コースメモ

参考タイム／山本(25分)山本山(1時間30分)木戸港跡（50分）磯野山（1時間50分）有漏神社（1時間30分）賤ヶ岳（25分）賤ヶ岳リフト乗り場（縦走中、湖畔まで二度往復してのコースタイム）

2.5万図／竹生島・木之本

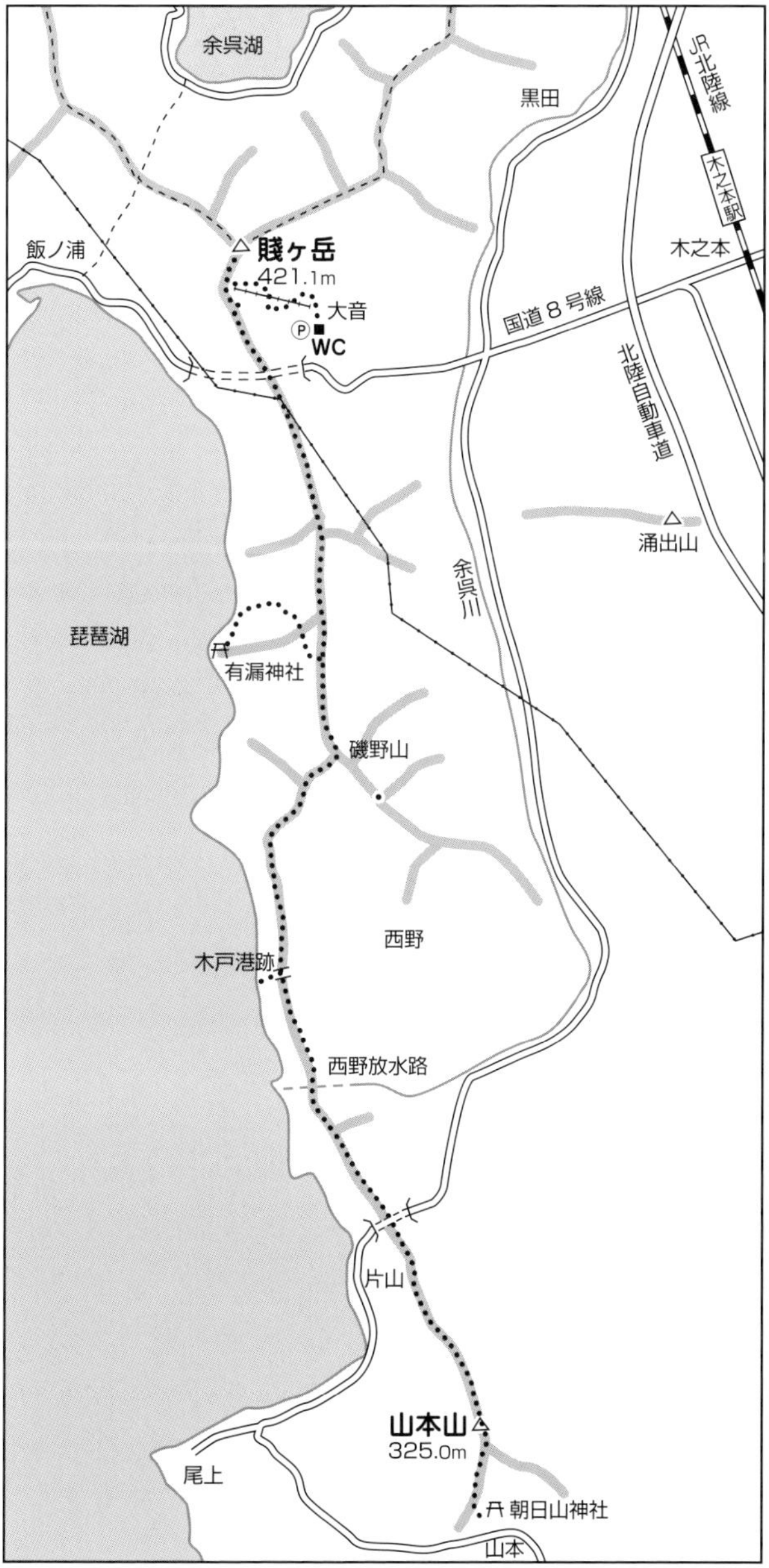

右頁／鏡湖の名前の通り、静かな鏡のように光る湖面が広がる、賤ヶ岳からの余呉湖の展望
左頁上／賤ヶ岳の登りにかかると、背後に歩いてきた山本山からの山稜が見渡せた
左頁下／整備された道に近江湖の辺の道の道標が立つ

極上の山とは（あとがきにかえて）

初めての山から四十年以上の歳月が過ぎ去った。その間途切れることなく山歩きを続けてきたが、我ながらよく続いたものだと思う。人からみれば感心するやら呆れるやらで、決して褒められるようなことではないだろう。四十年といっても、家庭を持ち家族が増えて、遊びにはお決まり停滞期があったが、その十数年も細々とではあるが山歩きを続けてきた。今考えると、なぜこんなにも長く歩き続けることができたのかと不思議に思うが、この本のために書き綴った原稿を読んでみて納得できたような気がしている。やっぱり山登りは楽しいのである。歩き続けられたのはただそれだけだ。

ヒマラヤの極限の登攀から低山の日帰りハイキングまで、山登りをひとつにひっくくってみると、標高八千メートルの山も二百メートルの山も同じ線上にあり、歩くという行為を基本に置けば、これほど多様な広がりを持つ遊びはないだろう。こうしたさまざまな山遊びの広がりの中から、自分の頭で考え、自分の体で行動できる山歩きを見つけたからこそ、今も歩き続けることができているのであろう。自分のスタイルというのは意識はしていないが、友人と一緒にあるいは一人で歩いてきた数々の山や、山歩きを始めてから読み続けてきた山に関連したさまざまな本などから、血となり肉となって得られた積み重なりの結果であり、それがタイトルとなった自分にとっての『極上の山歩き』ということになる。そんな山歩きを持てたことが何よりも大事なことだと思っている。

ここ数年のそうした山歩きの中から、写真を見ながらピックアップしていると、一人歩きの多い私にとって、カメラが自分の言葉を語り、自分のスタイルを創りだす、よき相棒であったということを改めて思い知らされた。そんな写真に言葉を付けた山の本がどういった範疇でくくられるのかは知らないが、自分らしい本としてまとめられたのではないかと思っている。こんな自由気ままを許し、一冊の本として世に出していただいたナカニシヤ出版の中西健夫社長には厚く御礼を申し上げたい。

平成二十二年一月

草川 啓三

◎著者紹介
草川　啓三（くさがわ　けいぞう）

1948 年　京都市に生まれる。
1968 年　山登りを始める。
1975 年　京都山の会に入会、現在に至る。
20 歳の時、鈴鹿霊仙山へ登ったのがきっかけで登山を始める。
以後、滋賀、京都の山を中心に歩き続ける。

著書　『近江の山』（京都山の会出版局）、『近江の山を歩く』（ナカニシヤ出版）
『鈴鹿の山を歩く』（ナカニシヤ出版）、『芦生の森を歩く』（青山舎）
『近江の峠』（青山舎）、『芦生の森案内』（青山舎）
『山で花と出会う』（青山舎）、『巨樹の誘惑』（青山舎）
『山と高原地図／御在所・霊仙・伊吹』（昭文社）
『近江湖西の山を歩く』（ナカニシヤ出版）
『芦生の森に会いにゆく』（青山舎）、『伊吹山案内』（ナカニシヤ出版）
『伊吹山自然観察ガイド』（山と渓谷社）共著
ほか共著多数

住所　〒 525-0066
滋賀県草津市矢橋町 1475

極上の山歩き――関西からの山12ヶ月

2010年3月21日　初版第１刷発行　定価はカバーに表示してあります

著　者　草　川　啓　三
発行者　中　西　健　夫
発行所　株式会社ナカニシヤ出版

〒 606-8161　京都市左京区一乗寺木ノ本町15番地
電　話　075－723－0111
FAX　075－723－0095
振替口座　01030－0－13128
URL　http://www.nakanishiya.co.jp/
E-mail　iihon-ippai@nakanishiya.co.jp

落丁・乱丁本はお取り替えします。ISBN978-4-7795-0442-6 C0026

印刷・製本　宮川印刷株式会社／組版・地図　草川啓三
表紙デザイン　竹内康之